LES CHASSEURS

DE

CHEVELURES

PAR

LE CAPITAINE MAYNE-REID

TRADUIT PAR

ALLYRE BUREAU

Traduction et reproduction interdites, suivant les traités.

1

PARIS
LOCARD-DAVI ET DE VRESSE
16, RUE DE L'HIRONDELLE

1854

LES

CHASSEURS DE CHEVELURES

EN VENTE CHEZ LES MÊMES ÉDITEURS

ADIEUX AU MONDE
MÉMOIRES
DE CÉLESTE MOGADOR
8 volumes.

Ces Mémoires sont la vie d'une femme que tout le monde connaît. La vie de cette femme, devenue grande dame, est racontée par elle-même, dans tous ses détails, sans mystères, sans voile, sans restrictions, à titre d'enseignement aux pauvres filles abandonnées de la fortune et de leurs parents.

Cet ouvrage est complètement inédit, et n'a paru dans aucun journal.

LA DAME AUX PERLES
Par Alex. DUMAS, fils. — 4 vol.

On se souvient de l'immense succès de la Dame aux Camélias; M. Alexandre Dumas, fils, a donné un pendant à son chef-d'œuvre en écrivant la Dame aux Perles. Ce n'est plus seulement un roman de jeunesse, c'est une étude du cœur humain dans ses replis les plus secrets.

HEURES DE PRISON
Par madame LAFARGE (née Marie Capelle). — 4 vol.

Le nom seul de madame Lafarge dit ce qu'est cet ouvrage. Quelle que soit l'opinion que l'on se soit faite sur elle, qu'on la croie innocente ou coupable, il est impossible de rester indifférent à ces récits entraînants où la magie du style s'unit à la force des pensées.

DU SOIR AU MATIN
Par A. DU CASSE. — 1 vol.

Initier les personnes qui n'ont jamais fait partie de l'armée à quelques habitudes de la vie militaire, rappeler à ceux qui ont été soldats quelques souvenirs de garnison, retracer pour ceux qui sont encore au service quelques scènes de leur vie intime, amuser un peu tout le monde, voilà quel est le but de ce livre.

LES
PETITS-FILS DE LOVELACE
Par Amédée ACHARD. — 3 volumes.

Les qualités qui distinguent cette œuvre placent M. Amédée Achard au rang de nos romanciers de premier ordre. C'est un de ces drames effrayants de la vie du grand monde dont Balzac nous a, le premier, révélé les mystères.

LES CHASSEURS

DE

CHEVELURES

PAR

LE CAPITAINE MAYNE-REID

TRADUIT PAR

ALLYRE BUREAU

Traduction et reproduction interdites, suivant les traités.

1

PARIS

LOCARD-DAVI ET DE VRESSE

16, RUE DE L'HIRONDELLE

1854

INTRODUCTION

Les solitudes de l'Ouest.

Déroulez la mappemonde, et jetez les yeux sur le grand continent de l'Amérique du nord. Au-delà de l'ouest sauvage, plus loin vers le couchant, portez vos yeux : franchissez les méridiens; n'arrêtez vos regards que quand ils auront atteint la région où les fleuves aurifères prennent leur source au milieu des pics couverts de neiges éternelles. Arrêtez-les là.

Devant vous se déploie un pays dont l'aspect est vierge de tout contact des mains de l'homme, une terre portant encore l'empreinte du moule du Créateur comme le premier jour de la création; une région dont tous les objets sont marqués à l'image de Dieu. Son esprit, qui tout environne, vit dans la silencieuse grandeur des montagnes, et parle dans le mugissement des fleuves. C'est un pays où tout respire le roman, et qui offre de riches réalités à l'esprit d'aventure.

Suivez-moi en imagination, à travers

des scènes imposantes d'une beauté terrible, d'une sublimité sauvage.

Je m'arrête dans une plaine ouverte. Je me tourne vers le nord, vers le sud, vers l'est et vers l'ouest; et, de tous côtés, j'aperçois le cercle bleu du ciel qui m'environne. Ni roc, ni arbre ne vient rompre la ligne de l'horizon. De quoi est couverte cette vaste étendue? d'arbres? non; d'eau? non; d'herbe? non; elle est couverte de fleurs! Aussi loin que mon œil peut s'étendre, il aperçoit des fleurs, toujours des fleurs, encore des fleurs !

C'est comme à une carte coloriée, une peinture brillante, émaillée de toutes les fleurs du prisme.

Là-bas, le jaune d'or; c'est l'*hélianthe* qui tourne son disque-cadran vers le soleil. A côté l'écarlate; c'est la *mauve* qui élève sa rouge bannière. Ici, c'est un parterre de la *monarda* pourpre; là, c'est l'euphorbe étalant ses feuilles d'argent; plus loin, les fleurs éclatantes de l'*asclepia* font prédominer l'orangé; plus loin encore, les yeux s'égarent sur les fleurs roses du *cléomé*.

La brise les agite. Des millions de corolles font flotter leurs étendards éclatants. Les longues tiges des hélianthes se courbent et se relèvent en longues ondulations, comme les vagues d'une mer dorée.

Ce n'est pas tout. L'air est plein de senleurs douces comme les parfums de l'Arabie et de l'Inde. Des myriades d'insectes agitent leurs ailes charmantes, semblables à des fleurs. Les oiseaux-mouches voltigent à l'entour, brillants comme des rayons égarés du soleil, ou, se tenant en équilibre par l'agitation rapide de leurs ailes, boivent le nectar au fond des corolles; et l'abeille sauvage, les aisselles chargées, grimpe le long des pistils mielleux, ou s'élance vers sa ruche lointaine avec un murmure joyeux.

Qui a planté ces fleurs? qui les a mélangées dans ces riches parterres? La nature. C'est sa plus belle parure, plus harmonieuse dans ses nuances que les écharpes de cachemire.

Cette contrée, c'est la *mauvaise prairie* (1). Elle est mal nommée : c'est le JARDIN DE DIEU.

La scène change. Je suis, comme auparavant, dans une plaine environnée d'un horizon dont aucun obstacle ne brise le cercle. Qu'ai-je devant les yeux? des fleurs? Non ; pas une seule fleur ne se montre, et l'on ne voit qu'une vaste étendue de verdure vivante. Du nord au sud, de l'est à l'ouest, s'étend l'herbe de la prairie, verte comme l'émeraude, et unie comme la surface d'un lac endormi.

(1) *Weed-prairie.* Mot à mot : Prairie à mauvaises herbes.

Le vent rase la plaine, agitant l'herbe soyeuse ; tout est en mouvement, et les taches d'ombre et de lumière qui courent sur la verdure ressemblent aux nuages pommelés fuyant devant un soleil d'été.

Aucun obstacle n'arrête le regard qui rencontre par hasard la forme sombre et hérissée d'un buffalo, ou la silhouette déliée d'une antilope; parfois il suit au loin le galop rapide d'un cheval sauvage blanc comme la neige.

Cette contrée est la *bonne prairie* (1), l'inépuisable pâturage du bison.

. . . .

(1) *Grass-prairie.* Mot à mot : Prairie de graminées.

La scène change. Le terrain n'est plus uni, mais il est toujours verdoyant et sans arbres. La surface affecte une série d'ondulations parallèles, s'enflant çà et là en douces collines arrondies. Elle est couverte d'un doux tapis de brillante verdure.

Ces ondulations rappellent celles de l'Océan après une grande tempête, lorsque les frises d'écume ont disparu des flots et que les grandes vagues s'apaisent. Il semble que ce soient des vagues de cette espèce qui, par un ordre souverain, se sont tout à coup fixées et transformées en terre.

C'est la *prairie ondulée* (1).

. . . .

---

(1) *Rolling-prairie*. Mot à mot : *roulante prairie*.

La scène change encore. Je suis entouré de verdure et de fleurs ; mais la vue est brisée par des massifs et des bosquets de bois taillis. Le feuillage est varié, ses teintes sont vives et ses contours sont doux et gracieux. A mesure que j'avance, de nouveaux aspects s'ouvrent à mes yeux ; des vues pittoresques et semblables à celles des plus beaux parcs. Des bandes de buffalos, des troupeaux d'antilopes et des hordes de chevaux sauvages, se mêlent dans le lointain. Des dindons courent dans le taillis, et des faisans s'envolent avec bruit des bords du sentier.

Où sont les propriétaires de ces terres, de ces champs, de ces troupeaux et de ces faisanderies? Où sont les maisons, les palais desquels dépendent ces parcs seigneuriaux? Mes yeux se portent en avant, je m'attends à voir les tourelles de quelque grande habitation percer au-dessus des bosquets. Mais non. A des centaines de milles à l'entour, pas une cheminée n'envoie sa fumée au ciel. Malgré son aspect cultivé, cette région n'est foulée que par le mocassin du chasseur ou de son ennemi, l'Indien-Rouge.

Ce sont les MOTTES, les *îles* de la prairie semblable à une mer.

. . . .

Je suis dans une forêt profonde. Il est nuit, et le feu illumine de reflets rouges tous les objets qui entourent notre bivouac. Des troncs gigantesques, pressés les uns contre les autres, nous entourent; d'énormes branches, comme les bras gris d'un géant, s'étendent dans toutes les directions. Je remarque leur écorce; elle est crevassée et se dessèche en larges écailles qui pendent au dehors. Des parasites, semblables à de longs serpents, s'enroulent d'arbre en arbre, étreignant leurs troncs comme s'ils voulaient les étouffer. Les feuilles ont disparu, séchées et tombées; mais la mousse blanche d'Espagne couvre les branches de ses festons et pend tristement comme les draperies d'un lit funèbre.

Des troncs abattus, de plusieurs yards de diamètre, et à demi pourris, gisent sur le sol. Aux extrémités s'ouvrent de vastes cavités où le porc-épic et l'opossum ont cherché un refuge contre le froid.

Mes camarades, enveloppés dans leurs couvertures et couchés sur des feuilles mortes, sont plongés dans le sommeil. Ils sont étendus les pieds vers le feu et la tête sur le siége de leurs selles. Les chevaux, réunis autour d'un arbre et attachés à ses plus hautes branches, semblent aussi dormir. Je suis éveillé et je prête l'oreille. Le vent, qui s'est élevé, siffle à travers les arbres, et agite les longues floques blanches de la mousse. Il fait entendre une mélodie suave et mélancolique. Il y a peu d'autres bruits dans l'air, car c'est l'hiver, la grenouille d'arbre (tree-frog) et la cigale se taisent. J'entends le pétillement du feu, le bruissement des feuilles sèches roulées par un coup de vent, le *couou-wouou-ah* du hibou blanc, l'aboiement du rakoon, et, par intervalles, le *hoûlement* des loups. Ce sont les voix nocturnes de la forêt en hiver.

Ces bruits ont un caractère sauvage; cependant, il y a dans mon sein une corde qui vibre, sous leur influence, et mon esprit s'égare dans des visions romanesques, pendant que je les écoute, étendu sur la terre. . . . .
. . . .

La forêt en automne, encore garnie de tout son feuillage. Les feuilles ressemblent à des fleurs, tant leurs couleurs sont brillantes. Le rouge, le brun, le jaune et l'or s'y mélangent. Les bois sont chauds et glorieux maintenant, et les oiseaux voltigent à travers les branches touffues. L'œil plonge enchanté dans les longues percées qu'égaient les rayons du soleil. Le regard est frappé par l'éclat des plus brillants plumages : le vert doré du perroquet, le bleu du geai, et l'aile orange de l'oriole. L'oiseau rouge voltige plus bas dans les taillis des verts pawpaws, ou parmi les petites feuilles couleur d'ambre des buissons de hêtre. Des ailes légères, par centaines, s'agitent à travers les ouvertures du feuillage, brillant au soleil de tout l'éclat des pierres précieuses.

La musique flotte dans l'air : doux

chants d'amour; le cri de l'*écureuil*, le roucoulement des *colombes* appareillées, le *rat-ta-ta* du *pivert*, et le *tchirrup* perpétuel et mesuré de la *cigale*, résonnent ensemble. Tout en haut, sur une cime des plus élevées, l'*oiseau moqueur* pousse sa note imitative, et semble vouloir éclipser et réduire au silence tous les autres chanteurs.

. . . .

Je suis dans une contrée où la terre, de couleur brune, est accidentée et stérile. Des rochers, des ravins et des plateaux de sol aride ; des végétaux de formes étranges croissent dans les ravins et pendent des rochers ; d'autres, de figures sphéroïdales, se trouvent sur la surface de la terre brûlée; d'autres encore s'élèvent verticalement à une grande hauteur, semblables à de grandes colonnes cannelées et ciselées; quelques-uns étendent des branches poilues et tortues, hérissées de rugueuses feuilles ovales. Cependant, il y a dans la forme, dans la couleur, dans le fruit et dans les fleurs de tous ces végétaux une sorte d'homogénéité qui les proclame de la même famille. Ce sont des cactus. C'est une forêt de nopals du Mexique.

Une autre plante singulière se trouve là. Elle étend de longues feuilles épineuses qui se recourbent vers la terre : c'est l'agave, le célèbre *mezcal* du Mexique (mezcal-plant). Çà et là, mêlés au cactus, croissent des acacias et des *mezquites*, arbres indigènes du désert. Aucun objet brillant n'attire les yeux ; le chant d'aucun oiseau ne frappe les oreilles. Le hibou solitaire s'enfonce dans des fourrés impénétrables, le serpent à sonnettes glisse sous leur ombre épaisse, et le coyote traverse en rampant les clairières.

. . . .

J'ai gravi montagne sur montagne, et j'aperçois encore des pics élevant au loin leur tête couronnée de neiges éternelles. Je m'arrête sur une roche saillante, et mes yeux se portent sur les abîmes béants et endormis dans le silence de la désolation. De gros quartiers de roches y ont roulé, et gisent amoncelés les uns sur les autres. Quelques-uns pendent inclinés et semblent n'attendre qu'une secousse de l'atmosphère pour rompre leur équilibre. De noirs précipices me glacent de terreur ; une vertigineuse faiblesse me gagne le cerveau ; je m'accroche à la tige d'un pin ou à l'angle d'un rocher solide.

Devant, derrière et tout autour de moi, s'élèvent des montagnes entassées sur des montagnes dans une confusion chaotique. Les unes sont mornes et pelées ; les autres montrent quelques traces de végétation sous formes de pins et de cèdres aux noires aiguilles, dont les troncs rabougris s'élèvent ou pendent des rochers. Ici, un pic en forme de cône s'élance jusqu'à ce que la neige se perde dans les nuages. Là, un sommet élève sa fine dentelure jusqu'au ciel; sur ces flancs gisent de monstrueuses masses de granit qui semblent y avoir été lancées par la main des Titans.

Un monstre terrible, l'ours gris, gravit les plus hauts sommets; le carcajou se tapit sur les roches avancées, guettant le passage de l'élan qui doit aller se désaltérer au cours d'eau inférieur, et le bighorn bondit de roc en roc cherchant sa timide femelle. Le *bald-buzzard* (1) aiguise son bec impur contre les branches du pin, et l'aigle de combat, s'élevant au dessus de tous, découpe sa vive silhouette sur l'azur des cieux.

(1) Vautour noir.

Ce sont les montagnes rocheuses, les Andes d'Amérique, les colossales vertèbres du Continent.

. . . .

Tels sont les divers aspects de l'Ouest sauvage; tels est le théâtre de notre drame.

Levons le rideau, et faisons paraître les personnages.

CHAPITRE PREMIER

Les marchands de la Prairie

« New-Orléans, 3 avril 18...

» Mon cher Saint-Vrain,

» Notre jeune ami, M. Henri Haller, part pour Saint-Louis, en *quête du pitto-*

resque. Faites en sorte de lui procurer une série complète d'aventures.

» Votre affectionné,

» Louis Valton.

» A M. Charles Saint-Vrain, Esq., hôtel des Planteurs, Saint-Louis. »

Muni de cette laconique épître, que je portais dans la poche de mon gilet, je débarquai à Saint-Louis le 10 avril, et me dirigeai vers l'hôtel des Planteurs.

Après avoir déposé mes bagages, et fait mettre à l'écurie mon cheval (un cheval favori que j'avais amené avec moi), je changeai de linge, puis, descendant au parloir, je m'enquis de M. Saint-Vrain.

Il n'était pas à Saint-Louis; il était parti quelques jours avant pour remonter le Missouri.

C'était un désappointement : je n'avais aucune autre lettre de recommandation pour Saint-Louis. Je dus me résigner à attendre le retour de M. Saint-Vrain, qui devait revenir dans la semaine. Pour tuer le temps, je parcourus la ville, les remparts et les prairies environnantes, montant à cheval chaque jour; je fumai force cigares dans la magnifique cour de l'hôtel; j'eus aussi recours au sherry et à la lecture des journaux.

Il y avait à l'hôtel une société de *gentlemen* qui paraissaient très intimement liés.

Je pourrais dire qu'ils formaient une *clique*, mais c'est un vilain mot qui rendrait mal mon idée à leur égard. C'était plutôt une bande d'amis, de joyeux compagnons. On les voyait toujours ensemble flâner par les rues. Ils formaient un groupe à la table d'hôte, et avaient l'habitude d'y rester longtemps après que les dîneurs habituels s'étaient retirés. Je remarquai qu'ils buvaient les vins les plus chers et fumaient les meilleurs cigares que l'on pût trouver dans l'hôtel. Mon attention était vivement excitée par ces hommes. J'étais frappé de leurs allures particulières. Il y avait dans leur démarche un mélange de la raideur indienne et du laisser-aller presque enfantin qui caractérise l'Américain de l'Ouest.

Vêtus presque de même, habit noir fin, linge blanc, gilet de satin et épingles de diamants, ils portaient de larges favoris soigneusement lissés; quelques-uns avaient des moustaches. Leurs cheveux tombaient en boucles sur leurs épaules. La plupart portaient le col de chemise rabattu, découvrant des cous robustes et bronzés par le soleil. Le rapport de leurs physionomies me frappa; ils ne se ressemblaient pas précisément; mais il y avait dans l'expression de leurs yeux une remarquable similitude d'expression qui indiquait sans doute chez eux des occupations et un genre de vie pareils.

Étaient-ce des chasseurs? Non. Le chasseur a les mains moins hâlées et plus chargées de bijoux ; son gilet est d'une coupe plus gaie ; tout son habillement vise davantage au faste et à la *superélégance*. De plus, le chasseur n'affecte pas ces airs en dehors et pleins de confiance. Il est trop habitué à la prudence. Quand il est à l'hôtel, il s'y tient tranquille et réservé. Le chasseur est un oiseau de proie, et ses habitudes, comme celles de l'oiseau de proie, sont silencieuses et solitaires.

— Quels sont ces messieurs ? demandai-je à quelqu'un assis auprès de moi, en lui indiquant ces personnages.

— Les hommes de la prairie.

— Les hommes de la prairie ?...

— Oui, les marchands de Santa-Fé.

— Les marchands! — répétai-je avec surprise, ne pouvant concilier une élégance pareille avec aucune idée de commerce ou de prairies.

— Oui, — continua mon interlocuteur; — ce gros homme de bonne mine qui est au milieu est Bent; Bill-Bent, comme on l'appelle. Le gentleman qui est à sa droite est le jeune Sublette; l'autre, assis à sa gauche, est un des Choteaus; celui-ci est le grave Jerry Folger.

— Ce sont donc alors ces célèbres marchands de la prairie?

— Précisément.

Je me mis à les considérer avec une curiosité croissante. Ils m'observaient de leur côté, et je m'aperçus que j'étais moi-même l'objet de leur conversation.

A ce moment, l'un d'eux, un élégant et hardi jeune homme, sortit du groupe, et s'avançant vers moi :

— Ne vous êtes-vous pas enquis de M. Saint-Vrain? — me demanda-t-il.

— Oui, monsieur.

— Charles?

— Oui, c'est cela même.

— C'est moi.

Je tirai ma lettre de recommandation et la lui présentai. Il en prit connaissance.

— Mon cher ami, — me dit-il en me tendant cordialement la main, — je suis vraiment désolé de ne pas m'être trouvé ici. J'arrive de la haute rivière ce matin. Valton est vraiment stupide de n'avoir pas ajouté sur l'adresse le nom de Bill-Bent! Depuis quand êtes-vous arrivé?

— Depuis trois jours. Je suis arrivé le 10.

— Bon Dieu! qu'avez-vous pu faire pendant tout ce temps-là! Venez que je vous présente. Hé! Bent! Bill, Jerry!

Un instant après, j'avais fraternisé avec le groupe entier des marchands de la prairie, dont mon nouvel ami Saint-Vrain faisait partie.

— C'est le premier coup? — demanda l'un des marchands au moment où le mugissement d'un gong retentissait dans la galerie.

— Oui, — répondit Bent après avoir consulté sa montre. — Nous avons juste le temps de prendre quelque chose. Allons.

Bent se dirigea vers le salon, et nous suivîmes tous *nemini dissentiente*.

On était au milieu du printemps. La

jeune menthe avait poussé, circonstance botanique dont mes nouveaux amis semblaient avoir une connaissance parfaite, car tous ils demandèrent un *julep de menthe*. La préparation et l'absorption de ce breuvage nous occupèrent jusqu'à ce que le second coup du gong nous convoquât pour le dîner.

— Venez prendre place près de nous, monsieur Haller, — dit Bent; — je regrette que nous ne vous ayons pas connu plus tôt. Vous avez été bien seul!

Ce disant, il se dirigea vers la salle à manger; nous le suivîmes.

Pas n'est besoin de donner la description d'un dîner à l'hôtel des Planteurs.

Comme à l'ordinaire, les tranches de venaison, les langues de buffalo, les poulets de la prairie, les excellentes grenouilles du centre de l'Illinois en faisaient le fond. Il est inutile d'entrer dans plus de détails sur le repas, et quant à ce qui suivit, je ne saurais en rendre compte.

Nous restâmes assis jusqu'à ce qu'il n'y eût plus que nous à table. La nappe fut alors enlevée et nous commençâmes à fumer des régalias et à boire du madère à *douze dollars* la bouteille! Ce vin était commandé par l'un des convives, non par simple bouteille, mais par demi-douzaines.

Je me rappelle parfaitement cela, et je me souviens aussi que la carte des vins

et le crayon me furent vivement retirés
des mains chaque fois que je voulus les
prendre. J'ai souvenir d'avoir entendu le
récit d'aventures terribles avec les Paw-
nies, les Comanches, les Pieds-Noirs, et
d'y avoir pris un goût si vif que je devins
enthousiaste de la vie de la prairie. Un
des marchands me demanda alors si je
ne voudrais pas me joindre à eux dans
une de leurs tournées; sur quoi je fis tout
un discours qui avait pour conclusion
l'offre d'accompagner mes nouveaux amis
dans leur prochaine expédition.

Après cela, Saint-Vrain déclara que
j'étais fait pour ce genre de vie, ce qui me
flatta infiniment. Puis quelqu'un chanta
une chanson espagnole avec accompagne-

ment de guitare, je crois ; un autre exécuta une danse de guerre des Indiens. Enfin nous nous levâmes tous et entonnâmes en chœur : *Bannière semée d'étoiles!* A partir de ce moment, je ne me rappelle plus rien, jusqu'au lendemain matin, où je me souviens parfaitement que je m'éveillai avec un violent mal de tête.

J'avais à peine eu le temps de réfléchir sur mes folies de la veille, que ma porte s'ouvrit ; Saint-Vrain et une demi-douzaine de mes compagnons de table firent irruption dans ma chambre. Ils étaient suivis d'un garçon portant plusieurs grands verres entourés de glace, et remplis d'un liquide couleur d'ambre pâle.

— Un coup de Sherry, monsieur Haller! — cria l'un ; — c'est la meilleure chose que vous puissiez prendre ; buvez, mon garçon, cela va vous rafraîchir en un saut d'écureuil.

J'avalai le fortifiant breuvage.

— Maintenant, mon cher ami, — dit Saint-Vrain, vous valez cent pour cent de plus? Mais, dites-moi : est-ce sérieusement que vous avez parlé de venir avec nous à travers les plaines? Nous partons dans une semaine. Je serais aux regrets de me séparer de vous si tôt.

— Mais je parlais très sérieusement. Je vais avec vous, si vous voulez bien m'indiquer ce qu'il faut faire pour cela.

— Rien de plus aisé. Achetez d'abord un cheval.

— J'en ai un.

— Eh bien! quelques articles de vêtements, un rifle, une paire de pistolets, un.....

— Bon, bon! j'ai tout cela. Ce n'est pas ça que je vous demande. Voici : vous autres, messieurs, vous portez des marchandises à Santa-Fé; vous doublez ou triplez votre argent par ce moyen. Or, j'ai 10,000 dollars ici, à la Banque. Pourquoi ne combinerais-je pas le profit avec le plaisir, et n'emploierais-je pas ce capital comme vous faites le vôtre?

— Rien ne vous en empêche; c'est une bonne idée.

— Eh bien! alors, si quelqu'un de vous veut bien venir avec moi et me guider dans le choix des marchandises qui conviennent le mieux pour le marché de Santa-Fé, je paierais on vin à dîner, et ce n'est pas là une petite prime de commission, j'imagine.

Les marchands de la prairie partirent d'un grand éclat de rire, déclarant qu'ils voulaient tous aller courir les boutiques avec moi. Après le déjeûner nous sortîmes bras dessus bras dessous.

Avant l'heure du dîner, j'avais converti mes fonds en calicots, couteaux longs et miroirs, conservant juste assez d'argent pour acheter des mules, des wagons, et engager des voituriers à Indépendance, notre point de départ pour les prairies.

Quelques jours après, nous remontions le Missouri en steamboat, et nous nous dirigions vers les prairies, sans routes tracées, du Grand-Ouest.

CHAPITRE II

La fièvre de la Prairie.

Nous employâmes une semaine à nous pourvoir de mules et de wagons à Indépendance, puis nous nous mîmes en route à travers les plaines. La caravane se composait de cent wagons conduits par environ deux cents hommes. Deux de ces énormes véhicules contenaient toute ma pacotille. Pour en avoir soin, j'avais engagé deux grands et maigres Missouriens à longues chevelures. J'avais aussi pris avec moi un Canadien nomade, appelé Godé, qui tenait à la fois du serviteur et du compagnon.

Que sont devenus les brillants *gentlemen* de l'hôtel des Planteurs? ont-ils été laissés en arrière? On ne voit là que des hommes en blouse de chasse, coiffés de chapeaux rabattus. Oui, mais ces chapeaux recouvrent les mêmes figures, et sous ces blouses grossières on retrouve les joyeux compagnons que nous avons connus. La soie noire et les diamants ont disparu; les marchands sont parés de leur costume des prairies.

La description de ma propre toilette donnera une idée de la leur, car j'avais pris soin de me vêtir comme eux.

Figurez-vous une blouse de chasse en peau de daim façonnée. Je ne puis mieux caractériser la forme de ce vêtement qu'en le comparant à la tunique des anciens. Il est d'une couleur jaune-clair, coquettement orné de piqûres et de broderies ; le collet, car il y a un petit collet, est frangé d'aiguillettes taillées dans le cuir même. La jupe, ample et longue, est brochée d'une frange semblable. Une paire de jambards en draps rouge montant jusqu'à la cuisse, emprisonne un fort pantalon et de lourdes bottes armées de grands éperons de cuivre. Une chemise de cotonnade de couleur, une cravate bleue et un chapeau de guayaquil à larges bords complètent la liste des pièces de mon vêtement. Derrière moi, sur l'arrière de ma selle on peut voir un objet d'un rouge vif roulé en cylindre. C'est mon *mackinaw*, pièce essentielle entre toutes, car elle me sert de lit la nuit et de manteau dans toutes les autres occasions. Au milieu se trouve une petite fente par laquelle je passe ma tête quand il fait froid ou quand il pleut, et je me trouve ainsi couvert jusqu'à la cheville.

Ainsi que je l'ai dit, mes *compagnons* de

voyage sont habillés comme moi. A quelque différence dans la couleur de la couverture et des guêtres, dans le tissu de la chemise, la description que j'ai donnée peut être considérée comme un type du costume de la prairie.

Nous sommes tous, également, armés et équipés à peu de chose près de la même manière. Pour ma part, je puis dire que je suis armé jusqu'aux dents. Mes fontes sont garnies d'une paire de *revolvers* de Colt, à gros calibre, de six coups chacun. Dans ma ceinture, j'en ai une autre paire de plus petits, de cinq coups chacun. De plus, j'ai mon rifle léger, ce qui me fait en tout vingt-trois coups à tirer en autant de secondes. En outre, je porte dans ma ceinture une longue lame brillante connue sous le nom de *bowie-knife* (couteau recourbé). Cet instrument est tout à la fois mon couteau de chasse et mon couteau de table, en un mot, mon couteau pour tout faire. Mon équipement se compose d'une gibecière, d'une poire à poudre en bandoulière, d'une forte gourde et d'un havre-sac pour mes rations.

Mais si nous sommes équipés de même, nous sommes diversement montés. Les uns chevauchent sur des mules, les autres sur des mustangs (1); peu d'entre nous ont emmené leur cheval américain favori. Je suis du nombre de ces derniers. Je monte un étalon à robe brun-foncé, à jambes noires, et dont le museau a la cou-

---

(1) *Mustenos*, chevaux mexicains de race espagnole.

leur de la fougère flétrie. C'est un demi-sang arabe, admirablement proportionné. Il répond au nom de *Moro*, nom espagnol qu'il a reçu, j'ignore pourquoi, du planteur louisianais de qui je l'ai acheté. J'ai retenu ce nom auquel il répond parfaitement. Il est beau, vigoureux et rapide. Plusieurs de mes compagnons se prennent de passion pour lui pendant la route, et m'en offrent des prix considérables. Mais je ne suis pas tenté de m'en défaire, mon noble *Moro* me sert trop bien. De jour en jour je m'attache davantage à lui. Mon chien Alp, un Saint-Bernard que j'ai acheté d'un émigrant suisse à Saint-Louis, possède aussi une grande part de mes affections.

En me reportant à mon livre de notes,

je trouve que nous voyageâmes pendant plusieurs semaines à travers les prairies, sans aucun incident digne d'intérêt. Pour moi, l'aspect des choses constituait un intérêt assez grand; je ne me rappelle pas avoir vu un tableau plus émouvant que celui de notre longue caravane de wagons, ces navires de la prairie, se déroulant sur la plaine, ou grimpant lentement quelque pente douce, leurs bâches blanches se détachant en contraste sur le vert sombre de l'herbe. La nuit, le camp retranché par la ceinture des wagons, et les chevaux attachés à des piquets à l'entour, formaient un tableau non moins pittoresque. Le paysage, tout nouveau pour moi, m'impressionnait d'une façon toute particulière. Les cours d'eau étaient marqués par de hautes bordures de cotonniers dont les troncs, semblables à des colonnes, supportaient un épais feuillage argenté. Ces bordures, par leur rencontre en différents points, semblaient former comme des clôtures, et divisaient la prairie de telle sorte que nous paraissions voyager à travers des champs bordés de haies gigantesques.

Nous traversâmes plusieurs rivières, les unes à gué, les autres, plus larges et plus profondes, en faisant flotter nos wagons. De temps en temps nous apercevions des daims et des antilopes, et nos chasseurs en tuaient quelques-uns; mais nous n'avions pas encore atteint le territoire des buffalos.

Parfois nous faisions une halte d'un jour, pour réparer nos forces, dans quelque vallon boisé, garni d'une herbe épaisse et arrosé d'un courant d'eau pure. De temps à autre, nous étions arrêtés pour racommoder un timon ou un essieu brisé, ou pour dégager un wagon embourbé.

J'avais peu à m'inquiéter, pour ma part, de mes équipages. Mes Missouriens se trouvaient être d'adroits et vigoureux compagnons qui savaient se tirer d'affaire en s'aidant l'un l'autre, et sans se lamenter à propos de chaque accident, comme si tout eût été perdu.

L'herbe était haute; nos mules et nos

bœufs, au lieu de maigrir, devenaient plus gras de jour en jour. Je pouvais disposer de la meilleure part du maïs dont mes wagons étaient pourvus en faveur de Moro, qui se trouvait très bien de cette nourriture.

Comme nous approchions de l'Arkansas, nous aperçûmes des hommes à cheval qui disparaissaient derrière des collines.

C'étaient des Pawnees, et, pendant plusieurs jours, des troupes de ces farouches guerriers rôdèrent sur les flancs de la caravane. Mais ils reconnaissaient notre force, et se tenaient hors de portée de nos longues carabines.

Chaque jour m'apportait une nouvelle

impression, soit incident de voyage, soit aspect du paysage.

Godé, qui avait été successivement voyageur, chasseur, trapeur et *coureur de bois* m'avait, dans nos conversations intimes, instruit de plusieurs détails relatifs à la vie de la prairie ; grâce à cela j'étais à même de faire bonne figure au milieu de mes nouveaux camarades. De son côté, Saint-Vrain, dont le caractère franc et généreux m'avait inspiré une vive sympathie, n'épargnait aucun soin pour me rendre le voyage agréable. De telle sorte que les courses du jour et les histoires terribles des veillées de nuit m'eurent bientôt inoculé la passion de cette nouvelle vie. J'avais gagné la *fièvre de la prairie*.

C'est ce que mes compagnons me dirent en riant. Je compris plus tard la signification de ces mots: La fièvre de la prairie! Oui, j'étais justement en train de m'inoculer cette étrange affection. Elle s'emparait de moi rapidement. Les souvenirs de la famille commençaient à s'effacer de mon esprit; et avec eux s'évanouissaient les folles illusions de l'ambition juvénile. Les plaisirs de la ville n'avaient plus aucun écho dans mon cœur, et je perdais toute mémoire des doux yeux, des tresses soyeuses, des vives émotions de l'amour, si fécondes en tourments; toutes ces impressions anciennes s'effaçaient; il semblait qu'elles n'eussent jamais existé, que je ne les eusse jamais ressenties!

Mes forces intellectuelles et physiques s'accroissaient ; je sentais une vivacité d'esprit, une vigueur de corps, que je ne m'étais jamais connues. Je trouvais du plaisir dans le mouvement. Mon sang coulait plus chaud et plus rapide dans mes veines, ma vue était devenue plus perçante ; je pouvais regarder fixement le soleil sans baisser les paupières.

Etais-je pénétré d'une portion de l'essence divine qui remplit, anime ces vastes solitudes qu'elle semble plus particulièrement habiter! Qui pourrait répondre à cela? — La fièvre de la prairie ! — Je la sens à présent ! Tandis que j'écris ces mémoires, mes doigts se crispent comme pour saisir les rênes, mes genoux se rapprochent, mes muscles se raidissent comme pour étreindre les flancs de mon noble cheval, et je m'élance à travers les vagues verdoyantes de la mer-prairie.

CHAPITRE III

Course à dos de buffalo.

Il s'était écoulé environ quatre jours quand nous atteignîmes les bords de l'Arkansas, environ six milles au-dessous des *Plum-Buttes* (1). Nos wagons furent for-

(1) Mot à mot : collines à fruit.

més en cercle et nous établîmes notre camp.

Jusque-là nous n'avions vu qu'un très petit nombre de buffalos ; quelques mâles égarés, tout au plus deux ou trois ensemble, et ils ne se laissaient pas approcher. C'était bien la saison de leurs courses ; mais nous n'avions rencontré encore aucun de ces grands troupeaux emportés par le rut.

— Là-bas ! — cria Saint-Vrain, — voilà de la viande fraîche pour notre souper.

Nous tournâmes les yeux vers le nord-ouest, que nous indiquait notre ami. Sur l'escarpement d'un plateau peu élevé, cinq silhouettes noires se découpaient à l'horizon. Il nous suffit d'un coup d'œil pour reconnaître des buffalos.

Au moment où Saint-Vrain parlait, nous étions en train de desseller nos chevaux. Reboucler les sangles, rabattre les étriers, sauter en selle et s'élancer au galop fut l'affaire d'un moment.

La moitié d'entre nous environ partit : quelques-uns, comme moi, pour le simple plaisir de courir, tandis que d'autres, vieux chasseurs, semblaient sentir la chair fraîche.

Nous n'avions fait qu'une faible journée de marche ; nos chevaux étaient encore tout frais, et en trois fois l'espace de quelques minutes, les trois milles qui nous séparaient des bêtes fauves furent réduits à un. Là nous fûmes *éventés*. Plusieurs d'entre nous, et j'étais du nombre, n'ayant pas l'expérience de la prairie, dédaignant les avis, avaient galopé droit en avant, et les buffalos, ouvrant leurs narines au vent, nous avaient sentis.

L'un d'eux leva sa tête velue, renifla, frappa le sol de son sabot, se roula par terre, se releva de nouveau, et partit rapidement, suivi de ses quatre compagnons.

Il ne nous restait plus d'autre alternative que d'abandonner la chasse, ou de lancer nos chevaux sur les traces des buffalos. Nous prîmes ce dernier parti, et nous pressâmes notre galop.

Tous à la fois, nous nous dirigions vers une ligne qui nous faisait l'effet d'un mur de terre de six pieds de haut. C'était comme une immense marche d'escalier qui séparait deux plateaux, et qui s'étendait à droite et à gauche aussi loin que l'œil pouvait atteindre, sans la moindre apparence de brèche.

Cet obstacle nous força de retenir les rênes et nous fit hésiter. Quelques-uns firent demi-tour et s'en allèrent tandis qu'une demi-douzaine, mieux montés, parmi lesquels Saint-Vrain, mon voyageur Godé et moi, ne voulant pas renoncer si aisément à la chasse, nous piquâmes des deux et parvînmes à franchir l'escarpement.

De ce point nous eûmes encore à courir cinq milles au grand galop, nos chevaux blanchissant d'écume, pour atteindre le dernier de la bande, une jeune femelle, qui tomba percée d'autant de balles que nous étions de chasseurs à sa poursuite.

Comme les autres avaient gagné pas mal d'avance, et que nous avions assez de viande pour tous, nous nous arrêtâmes, et, descendant de cheval, nous procédâmes au dépouillement de la bête. L'opération fut bientôt terminée sous l'habile couteau des chasseurs. Nous avions alors le loisir de regarder en arrière et de calculer la distance que nous avions parcourue depuis le camp.

— Huit milles, à un pouce près, — s'écria l'un.

— Nous sommes près de la route, — dit Saint-Vrain, montrant du doigt d'anciennes traces de wagons qui marquaient le passage des marchands de Santa-Fé.

— Eh bien ?

— Si nous retournons au camp, nous aurons à revenir sur nos pas demain matin. Cela fera seize milles en pure perte.

— C'est juste.

— Restons ici, alors. Il y a de l'herbe et de l'eau. Voici de la viande de buffalo ;

nous avons nos couvertures; que nous faut-il de plus?

— Je suis d'avis de rester où nous sommes.

— Et moi aussi.

— Et moi aussi.

En un clin d'œil, les sangles furent débouclées, les selles enlevées, et nos chevaux pantelans se mirent à tondre l'herbe de la prairie, dans le cercle de leurs longes.

Un ruisseau cristallin, ce que les Espagnols appellent un *arroyo*, coulait au sud vers l'Arkansas. Sur le bord de ce ruisseau, et près d'un escarpement de la rive, nous choisîmes une place pour notre bivouac. On ramassa du *bois de vache*, on alluma du feu, et bientôt des tranches de bosse embrochées sur des bâtons crachèrent leur jus dans la flamme, en crépitant. Saint-Vrain et moi nous avions heureusement nos gourdes, et comme chacune d'elles contenait une pinte de pur cognac, nous étions en mesure pour souper passablement. Les vieux chasseurs étaient munis de leurs pipes et de tabac ; mon ami et moi nous avions nos cigares, et nous restâmes assis autour du feu jusqu'à une heure très avancée, fumant et prêtant l'oreille aux récits terribles des aventures de la montagne.

Enfin, le veillée se termina; on raccourcit les longes, on rapprocha les piquets ; mes camarades, s'enveloppant dans leurs couvertures, posèrent leur tête sur le siége de leurs selles et s'abandonnèrent au sommeil.

Il y avait parmi nous un homme du nom de Hibbets, qui, à cause de ses habitudes somnolentes, avait reçu le sobriquet de l'*Endormi*. Pour cette raison, on lui assigna le premier tour de garde, regardant les premières heures de la nuit comme les moins dangereuses, car les Indiens attaquent rarement un camp avant l'heure où le sommeil est le plus profond, c'est-à-dire un peu avant le point du jour.

Hibbets avait gagné son poste, le sommet de l'escarpement, d'où il pouvait apercevoir toute la prairie environnante.

Avant la nuit, j'avais remarqué une place charmante sur le bord de l'*arroyo*, à environ deux cent pas de l'endroit où mes camarades étaient couchés. La fantaisie me prit d'aller m'établir là pour dormir. Muni de mon rifle, de mon manteau et de ma couverture, je me dirigeai vers ce point en criant à l'*Endormi* de m'avertir en cas d'alarme.

Le terrain, en pente douce, était couvert d'un épais tapis d'herbe sèche. J'y étendis mon manteau, et, enveloppé dans ma couverture, je me couchai, le cigare à la bouche, pour m'endormir en fumant.

Il faisait un admirable clair de lune, si brillant, que je pouvais distinguer la couleur des fleurs de la prairie : les euphorbes argentés, les pétales d'or du tournesol, les mauves écarlates qui frangeaient les bords de l'*arroyo* à mes pieds. Un calme enchanteur régnait dans l'air; le silence était rompu seulement par les hurlements intermittents du loup de la prairie, le ronflement lointain de mes compagnons, et le « *crop-crop* » de nos chevaux tondant l'herbe.

Je demeurai éveillé jusqu'à ce que mon cigare en vînt à me brûler les lèvres (nous les fumions jusqu'au bout dans les prairies) ; puis, je me mis sur le côté, et voyageai bientôt dans le pays des songes.

A peine avais-je sommeillé quelques minutes que j'entendis un bruit étrange ; quelque chose analogue à un tonnerre lointain ou au mugissement d'une cataracte. Le sol semblait trembler sous moi.

Nous allons être trempés par un orage, —pensai-je, à moitié endormi, mais ayant encore conscience de ce qui se passait autour de moi ; je rassemblai les plis de ma couverture et m'endormis de nouveau.

Le bruit devint plus fort et plus distinct;

il me réveilla tout à fait. Je reconnus le roulement de milliers de sabots frappant la terre, mêlé aux mugissements de milliers de bœufs! La terre résonnait et tremblait. J'entendis les voix de mes camarades de Saint-Vrain et de Godé; ce dernier criant à pleine gorge :

— Sacrrr!... Monsieur, prenez garde? des buffles.

Je vis qu'ils avaient détaché les chevaux et les amenaient au bas de l'escarpement.

Je me dressai sur mes pieds, me débarrassant de ma couverture. Un effrayant spectacle s'offrit à mes yeux. Aussi loin que ma vue pouvait s'étendre à l'ouest, la prairie semblait en mouvement. Des vagues noires roulaient sur ses contours ondulés, comme si quelque volcan eût poussé sa lave à travers la plaine. Des milliers de points brillants étincelaient et disparaissaient sur cette surface mouvante, semblables à des traits de feu. Le sol tremblait, les hommes criaient, les chevaux, raidissant leurs longes, hennissaient avec terreur ; mon chien aboyait et hurlait en courant tout autour de moi !

Pendant un moment je crus être le jouet d'un songe. Mais non ; la scène était trop réelle et ne pouvait passer pour une vision. Je vis la bordure du flot noir à dix yards de moi et s'approchant toujours ! Alors, et seulement alors, je reconnus les bosses velues et les prunelles étincelantes des buffalos.

— Grand Dieu! — pensai-je, — ils vont me passer sur le corps.

Il était trop tard pour chercher mon salut dans la fuite. Je saisis mon rifle et fis feu sur le plus avancé de la bande. L'effet de ma balle fut insensible. L'eau de l'arroyo m'éclaboussa jusqu'à la face ; un bison monstrueux, en tête du troupeau, furieux et mugissant, s'élançait à travers le courant et regrimpait la rive. Je fus saisi et lancé en l'air. J'avais été jeté en arrière, et je retombai sur une masse mouvante. Je ne me sentais ni blessé ni étourdi, mais j'étais emporté en avant sur le dos de plusieurs animaux qui, dans cet épais troupeau, couraient en se touchant les flancs. Une pensée soudaine me vint, et m'attachant à celui qui était plus immédiatement au-dessous de moi, je l'enfourchai, embrassant sa bosse, et m'accrochant aux longs poils qui garnissaient son cou. L'animal, terrifié, précipita sa course et eut bientôt dépassé la bande.

C'était justement ce que je désirais, et nous courûmes ainsi à travers la prairie, au plein galop du bison qui s'imaginait sans doute qu'une panthère ou un casamount (1) était sur ses épaules.

Je n'avais aucune envie de le désabu-

---

(1) Chat sauvage de montagne.

ser, et craignant même qu'il ne s'aperçût que je n'étais pas un animal dangereux et se décidât à faire halte, je tirai mon couteau, don j'étais heureusement muni, et je le piquai chaque fois qu'il semblait ralentir sa course. A chaque coup de cet aiguillon, il poussait un rugissement et redoublait de vitesse.

Je courais un danger terrible. Le troupeau nous suivait de près, déployant un front de près d'un mille, et il devait inévitablement me passer sur le corps si mon buffalo venait à s'arrêter et à me laisser sur la prairie.

Néanmoins, et quel que fût le péril, je ne pouvais m'empêcher de rire intérieurement en pensant à la figure grotesque que je devais faire.

Nous tombâmes au milieu d'un village de *Chiens-de-prairie*. Là je m'imaginai que l'animal allait faire demi-tour et revenir sur ses pas. Cela interrompit mon accès de gaîté; mais le buffalo a l'habitude de courir droit devant lui, et le mien, heureusement, ne fit pas exception à la règle. Il allait toujours, tombant parfois sur les genoux, soufflant et mugissant de rage et de terreur.

Les *Plum-Buttes* étaient directement dans la ligne de notre course. J'avais remarqué cela depuis notre point de départ, et je m'étais dit que si je pouvais les atteindre, je serais sauf. Elles étaient à environ trois milles de l'endroit où nous avions établi notre bivouac, mais, à la façon dont je franchis cette distance, il me sembla que j'avais fait dix milles au moins.

Un petit monticule s'élevait dans la prairie à quelques centaines de yards du groupe des hauteurs. Je m'efforçai de diriger ma monture écumante vers cette butte en l'excitant à un dernier effort avec mon couteau. Elle me porta complaisamment à une centaine de yards de sa base.

C'était le moment de prendre congé de mon noir compagnon. J'aurais pu facilement le tuer pendant que j'étais sur son dos. La partie la plus vulnérable de son corps monstrueux était à portée de mon couteau ; mais, en vérité, je n'aurais pas voulu me rendre coupable de sa mort pour le Koh—i—nor.

Retirant mes doigts de la toison, je me laissai glisser le long de son dos, et sans prendre plus de temps qu'il n'en fallait pour lui dire bonsoir, je m'élançai de toute la vitesse de mes jambes vers la hauteur ; j'y grimpai, et m'asseyant sur un quartier de roche, je tournai les yeux du côté de la prairie.

La lune brillait toujours d'un vif éclat. Mon buffalo avait fait halte non loin de la place où javais pris congé de lui, il s'était arrêté, regardait en arrière et paraissait profondément étonné. Il y avait quelque chose de si comique dans sa mine que je partis d'un éclat de rire ; j'étais en pleine sécurité sur mon poste élevé.

Je regardai au sud-ouest ; aussi loin que ma vue pouvait s'étendre, la prairie était noire et en mouvement. Les vagues vivantes venaient roulant vers moi ; mais je pouvais les contempler désormais sans crainte. Ces milliers de prunelles étincelantes, brillant de phosphorescentes lueurs, ne me causaient plus aucun effroi.

Le troupeau était à environ un demi-mille de distance; je crus voir quelques éclairs, et entendre le bruits de coups de feu au loin sur le flanc gauche de la sombre masse; ces bruits me donnaient à penser que mes compagnons, sur le sort desquels j'avais conçu quelques inquiétudes, étaient sains et saufs.

Les buffalos approchaient de la butte sur laquelle je m'étais établi, et, apercevant l'obstacle, ils se divisèrent en deux grands courants, à ma droite et à ma gauche. Je fus frappé, dans ce moment, de voir que mon bison,—mon propre bison,—au lieu d'attendre que ses camarades l'eussent rattrapé et de se joindre à ceux de l'avant-garde, se mit à galoper en secouant la tête, comme si une bande de loups eût été à ses trousses ; il se dirigea obliquement de manière à se mettre en dehors de la bande.

Quand il eut atteint un point correspondant au flanc de la troupe, il s'en rapprocha peu à peu et finit par se confondre dans la masse.

Cette étrange tactique me frappa alors d'étonnement, mais j'appris ensuite que c'était une profonde stratégie de la part de cet animal. S'il fût resté où je l'avais quitté, les buffalos de l'avant-garde auraient pu le prendre pour quelque membre d'une autre tribu, et lui auraient certainement fait un très mauvais parti.

Je demeurai assis sur mon rocher environ pendant deux heures, attendant tranquillement que le noir torrent se fût écoulé. J'étais comme sur une île au milieu de cette mer sombre et couverte d'étincelles. Un moment, je m'imaginai que c'était moi qui étais entraîné, et que la butte flottait en avant, tandis que les buffalos restaient immobiles. Le vertige me monta au cerveau, et je ne pus chasser cette étrange illusion qu'en me dressant sur mes pieds.

Le torrent roulait toujours gagnant en avant; enfin je vis passer l'arrière-garde à moitié débandée. Je descendis de mon asile, et me mis en devoir de chercher ma route à travers le terrain foulé et devenu noir. Ce qui était auparavant un vert gazon présentait maintenant l'aspect d'une terre fraîchement labourée et trépignée par un troupeau de bœufs.

Des animaux blancs, nombreux et formant comme un troupeau de moutons, passèrent près de moi ; c'étaient des loups poursuivant les traînards de la bande.

Je poussai en avant, me dirigeant vers le sud. Enfin, j'entendis des voix, et, à la clarté de la lune, je vis plusieurs cavaliers galopant en cercle à travers la plaine. Je criai « Halloa ! » Une voix répondit à la mienne, un des cavaliers vint à moi à toute vitesse ; c'était Saint-Vrain.

— Dieu puissant, Haller! — cria-t-il en arrêtant son cheval et se penchant sur sa selle pour mieux me voir ; — est-ce vous ou est-ce votre spectre? En vérité, c'est lui-même! et vivant!...

— Et qui ne s'est jamais mieux porté, m'écriai-je.

— Mais d'où tombez-vous? des nuages? du ciel? d'où enfin? — Et ses questions étaient répétées en écho par tous les autres, qui, à ce moment, me serraient la main comme s'ils ne m'avaient pas vu depuis un an. Godé paraissait entre tous le plus stupéfait.

Mon Dieu! lancé en l'air, foulé aux

pieds d'un million de buffles damnés, et pas mort ! Cr-r-ré mâtin !

— Nous nous étions mis à la recherche de votre corps, ou plutôt de ce qui pouvait en rester, — dit Saint-Vrain. — Nous avons fouillé la prairie pas à pas à un mille à la ronde, et nous étions presque tentés de croire que les bêtes féroces vous avaient totalement dévoré.

— Dévorer monsieur ! Non ! trois millions de buffles ne l'auraient pas dévoré. — Mon Dieu ! — Ah ! gredin de l'Endormi, que le diable t'emporte !

Cette apostrophe s'adressait à Hibbets,

qui n'avait pas indiqué à mes camarades l'endroit où j'étais couché, et m'avait ainsi exposé à un danger si terrible.

— Nous vous avons vu lancé en l'air, — continua Saint-Vrain, — et retomber dans le plus épais de la bande. En conséquence, nous vous regardions comme perdu. Mais, au nom de Dieu, comment avez-vous pu vous tirer de la ?

Je racontai mon aventure à mes camarades émerveillés.

— Par Dieu ! cria Godé, c'est une merveilleuse histoire! et voilà un gaillard qui n'est pas manchot!

A dater de ce moment, je fus considéré comme un *capitaine* parmi les gens de la prairie.

Mes compagnons avaient fait de la bonne besogne pendant ce temps, et une douzaine de masses noires, qui gisaient sur la plaine, en rendaient témoignage. Ils avaient retrouvé mon rifle et ma couverture ; cette dernière, enfoncée dans la terre par le piétinement.

Saint-Vrain avait encore quelques gorgées d'eau-de-vie dans sa gourde ; après l'avoir vidée et avoir replacé les vedettes, nous reprîmes nos couches de gazon et passâmes le reste de la nuit à dormir.

CHAPITRE IV

Une position terrible.

Peu de jours après, une autre aventure m'arriva ; et je commençai à penser que j'étais prédestiné à devenir un *héros* parmi les montagnards.

Un petit détachement dont je faisais partie avait pris les devants. Notre but était d'arriver à Santa-Fé un jour ou deux avant la caravane, afin de tout arranger avec le gouverneur pour l'entrée des wagons dans cette capitale. Nous faisions route pour le *Cimmaron*.

Pendant une centaine de mille environ, nous traversâmes un désert stérile, dépourvu de gibier et presque entièrement privé d'eau. Les buffalos avaient complétement disparu, et les daims étaient plus que rares. Il fallait nous contenter de la viande séchée que nous avions emportée avec nous des établissements. Nous étions dans le désert de l'*Artemisia*. De temps en temps, nous apercevions une légère antilope bondissant au loin devant nous, mais se tenant hors de toute portée. Ces animaux semblaient être plus familiers que d'ordinaire.

Trois jours après avoir quitté la caravane, comme nous chevauchions près du Cimmaron, je crus voir une tête cornue derrière un pli de la prairie. Mes compagnons refusèrent de me croire, et aucun d'eux ne voulut m'accompagner.

Alors, me détournant de la route, je partis seul. Godé ayant pris les devants, l'un de mes camarades se chargea de mon chien que je ne voulais pas emmener, craignant d'effaroucher les antilopes. Mon cheval était frais et plein d'ardeur; et que je dusse réussir ou non, je savais qu'il me serait facile de rejoindre la troupe à son prochain campement.

Je piquai droit vers la place où j'avais vu disparaître l'objet, et qui semblait être à un demi-mille environ de la route; mais il se trouva que la distance était beaucoup plus grande; c'est une illusion commune dans l'atmosphère transparente de ces régions élevées.

Un singulier accident de terrain, ce qu'on appelle dans ces contrées un *couteau des prairies*, d'une petite élévation, coupait la plaine de l'est à l'ouest; un fourré de cactus couvrait une partie de son sommet. Je me dirigeai vers ce fourré.

Je mis pied à terre au bas de la pente, et, conduisant mon cheval au milieu des cactus, je l'attachai à une des branches. Puis je gravis avec précaution, à travers les feuilles épineuses, vers le point où je m'imaginais avoir vu l'animal. À ma grande joie, j'aperçus, non pas une antilope, mais un couple de ces charmants animaux, qui broutaient tranquillement, malheureusement trop loin pour que ma balle pût les atteindre. Ils étaient au moins à trois cents yards, sur une pente douce et herbeuse. Entre eux et moi pas le moindre buisson pour me cacher, dans le cas où j'aurais voulu m'approcher. Quel parti prendre ?

Pendant quelques minutes, je repassai dans mon esprit les différentes ruses de chasse usitées pour prendre l'antilope. Imiterais-je leur cri? Fallait-il mieux chercher à les attirer en élevant mon mouchoir? Elles étaient évidemment trop farouches ; car, de minute en minute, je les voyais dresser leurs jolies petites têtes et jeter un regard inquiet autour d'elles. Je me rappelai que la couverture de ma selle était rouge. En l'étendant sur les branches d'un buisson de cactus, je réussirais peut-être à les attirer.

Ne voyant pas d'autre moyen, j'étais sur le point de retourner prendre ma couverture, quand tout à coup, mes yeux s'arrêtèrent sur une ligne de terre nue qui traversait la prairie, entre moi et l'endroit où les animaux paissaient. C'était une brisure dans la surface de la plaine, une route de buffalo ou le lit d'un arroyo. Dans tous les cas, c'était le couvert dont j'avais besoin, car les antilopes n'en étaient pas à plus de cent yards, et s'en rapprochaient tout en broutant.

Je quittai les buissons et me dirigeai, en me laissant glisser le long de la pente, vers le point où l'enfoncement me paraissait le plus marqué. Là, à ma grande surprise, je me trouvai au bord d'un large arroyo, dont l'eau, claire et peu profonde, coulait doucement sur un lit de sable et de gypse. Les bords ne s'élevaient pas à plus de trois pieds du niveau de l'eau, excepté à l'endroit où l'escarpement venait rencontrer le courant. Là, il y avait une élévation assez forte ; je longeai la base, j'entrai dans le canal et me mis en devoir de le remonter.

J'arrivai bientôt, comme j'en avais l'intention, à la place où le courant, après avoir suivi une ligne parallèle à l'escarpement, le traversait en le coupant à pic. Là, je m'arrêtai, et regardai avec toutes sortes de précautions par-dessus le bord. Les antilopes s'étaient rapprochées à moins d'une portée de fusil de l'arroyo ; mais elles étaient encore loin de mon poste. Elles continuaient à brouter tranquillement, insouciantes du danger. Je redescendis et repris ma marche dans l'eau.

C'était une rude besogne que de marcher dans cette voie. Le lit de la ravine était formé d'une terre molle qui cédait sous le pied, et il me fallait éviter de faire le moindre bruit, sous peine d'effaroucher le gibier ; mais j'étais soutenu dans mes efforts par la perspective d'avoir de la vénaison fraîche pour mon souper.

Après avoir péniblement parcouru quelque cents yards, je me trouvai en face d'un petit buisson d'absinthe qui touchait à la rive. — Je suis assez près, pensai-je, — et ceci me servira de couvert.

Tout doucement, je me dressai jusqu'à ce que je pusse voir à travers le feuilles. La position était excellente.

J'épaulai mon fusil et, visant au cœur du mâle, je lâchai la détente. L'animal fit un bond et retomba sur le flanc, sans vie.

J'étais sur le point de m'élancer pour m'assurer de ma proie, lorsque j'observai que la femelle, au lieu de s'enfuir comme je m'y attendais, s'approchait de son compagnon gisant, et flairait anxieusement toutes les parties de son corps. Elle n'était pas à plus de vingt yards de moi, et je distinguais l'expression d'inquiétude et d'étonnement dont son regard était empreint. Tout à coup, elle parut comprendre la triste vérité et, rejetant sa tête en arrière, elle se mit à pousser des cris plaintifs et à courir en rond autour de son corps inanimé,

Mon premier mouvement avait été de recharger et de tuer la femelle; mais je me sentais désarmé par sa voix plaintive qui me remuait le cœur. En vérité, si j'avais pu prévoir un aussi lamentable spectacle, je ne me serais point écarté de la route. Mais la chose était sans remède. — Je lui ai fait plus de mal que si je l'avais tuée elle-même, — pensai-je, — le mieux que je puisse faire pour elle, maintenant, c'est de la tuer aussi.

En vertu de ce principe d'humanité, qui devait lui être fatal, je restai à mon poste; je rechargeai mon fusil; je visai de nouveau, et le coup partit.

Quand la fumée fut dissipée, je vis la

pauvre petite créature sanglante sur le gazon, la tête appuyée sur le corps de son mâle inanimé.

Je mis mon rifle sur l'épaule, et je me disposais à me porter en avant, lorsque, à ma grande surprise, je me sentis pris par les pieds. J'étais fortement retenu comme si mes jambes eussent été serrées dans un étau !

Je fis un effort pour me dégager, puis un second, plus violent, mais sans aucun succès : au troisième, je perdis l'équilibre, et tombai à la renverse dans l'eau.

A moitié suffoqué, je parvins à me mettre debout, mais uniquement pour reconnaître que j'étais retenu aussi fortement qu'auparavant.

De nouveau je m'agitai pour dégager mes jambes; mais je ne pouvais les ramener ni en avant, ni en arrière, ni à droite, ni à gauche; de plus, je m'aperçus que j'enfonçais peu à peu. Alors l'effrayante vérité se fit jour dans mon esprit : *j'étais pris dans un sable mouvant !*

Un sentiment d'épouvante passa dans tout mon être. Je renouvelai mes efforts avec toute l'énergie du désespoir. Je me penchais d'un côté, puis de l'autre, tirant à me déboîter les genoux. Mes pieds étaient toujours emprisonnés; impossible de les bouger d'un pouce.

Le sable élastique s'était moulé autour de mes bottes de peau de cheval, et collait le cuir au-dessus des chevilles, de telle sorte que je ne pouvais en dégager mes jambes, et je sentais que j'enfonçais de plus en plus, peu à peu, mais irrésistiblement, et d'un mouvement continu, comme si quelque monstre souterrain m'eût tout doucement tiré à lui! Je frissonai d'horreur, et je me mis à crier au secours! Mais qui pouvait m'entendre? il n'y avait personne dans un rayon de plusieurs milles, pas un être vivant. — Si, pourtant; le hennissement de mon cheval me répondit du haut de la colline, semblant se railler de mon désespoir.

Je me penchai en avant autant que ma

position me le permettait, et, de mes doigs convulsifs, je commençai à creuser le sable. A peine pouvais-je en atteindre la surface, et le léger sillon que je traçais était aussitôt comblé que formé.

Une idée me vint. Mon fusil mis en travers pourrait me supporter. Je le cherchai autour de moi. On ne le voyait plus. Il était enfoncé dans le sable.

Pouvais-je me coucher par terre pour éviter d'enfoncer davantage? Non : il y avait deux pieds d'eau ; je me serais noyé.

Ce dernier espoir m'échappa aussitôt qu'il m'apparut. Je ne voyais plus aucun moyen de salut. J'étais incapable de faire un effort de plus. Une étrange stupeur s'emparait de moi. Ma pensée se paralysait. Je me sentais devenir fou. Pendant un moment, ma raison fut complètement égarée.

Après un court intervalle, je recouvrai mes sens. Je fis un effort pour secouer la paralysie de mon esprit, afin du moins d'aborder, comme un homme doit le faire, la mort, que je sentais inévitable.

Je me dressai tout debout. Mes yeux atteignaient jusqu'au niveau de la prairie, et s'arrêtèrent sur les victimes encore saignantes de ma cruauté. Le cœur me battit à cette vue. Ce qui m'arrivait était-il une punition de Dieu?

Avec un humbre sentiment de repentir, je tournai mon visage vers le ciel, redoutant presque d'apercevoir quelque signe de la colère céleste... Le soleil brillait du même éclat qu'auparavant, et pas un nuage ne tachait la voûte azurée.

Je demeurai les yeux levés au ciel, et priai avec une ferveur que connaissent ceux-là seulement qui se sont trouvés dans des situations périlleuses analogues à celle où j'étais.

Comme je continuais à regarder en l'air, quelque chose attira mon attention. Je distinguai sur le fond bleu du ciel la silhouette d'un grand oiseau. Je reconnus bientôt l'immonde oiseau des plaines, le vautour noir. D'où venait-il? Qui pouvait le savoir? A une distance infranchissable pour le regard de l'homme, il avait aperçu ou senti les cadavres des antilopes, et maintenant sur ses larges ailes silencieuses il descendait vers le festin de la mort.

Bientôt un autre, puis encore un, puis une foule d'autres se détachèrent sur les champs azurés de la voûte céleste, et, décrivant de larges courbes, s'abaissèrent silencieusement vers la terre. Les premiers arrivés se posèrent sur le bord de la rive, et après avoir jeté un coup d'œil autour d'eux, se dirigèrent vers leurs proies.

Quelques secondes après, la prairie était noire de ces oiseaux immondes qui grimpaient sur les cadavres des antilopes, et battaient de l'aile en enfonçant leurs becs fétides dans les yeux de leurs proies.

Puis vinrent les loups décharnés, affamés, sortant des fourrés de cactus et rampant, comme des lâches, à travers les sinuosités de la prairie. Un combat s'ensuivit, dans lequel les vautours furent mis en fuite, puis les loups se jetèrent sur la proie et se la disputèrent, grondant les uns contre les autres, et s'entre-déchirant.

« Grâce à Dieu ! — pensai-je, — je n'aurai pas du moins à craindre d'être ainsi mis en pièces ! »

Je fus bientôt délivré de cet affreux spectacle. Mes yeux n'arrivaient plus au niveau de la berge. Le vert tapis de la prairie avait eu mon dernier regard. Je ne pouvais plus voir maintenant que les murs de terre qui encaissaient le ruisseau, et l'eau qui coulait insouciante autour de moi.

Une fois encore je levai les yeux au ciel, et, avec un cœur plein de prières, je m'efforçai de me résigner à mon destin.

En dépit de mes efforts pour être calme,

les souvenirs des plaisirs terrestres, des amis, du logis, vinrent m'assaillir et provoquèrent par intervalles de violents paroxismes pendant lesquels je m'épuisais en efforts réitérés, mais toujours impuissants.

J'entendis de nouveau le hennissement de mon cheval.

Une idée soudaine frappa mon esprit, et me rendit un nouvel espoir : Peut-être mon cheval...

Je ne perdis pas un moment. J'élevai ma voix, jusqu'à ses cordes les plus hautes, et appelai l'animal par son nom. Je l'avais attaché, mais légèrement. Les branches de cactus pouvaient se rompre. J'appelai encore, répétant les mots auxquels il était habitué. Pendant un moment tout fut silence, puis j'entendis les sons précipités de ses sabots, indiquant que l'animal faisait des efforts pour se dégager; ensuite je pus reconnaître le bruit cadencé d'un galop régulier et mesuré.

Les sons devenaient plus proches, plus proches encore et plus distincts, jusqu'à ce que l'excellente bête se montrât sur la rive au-dessus de moi. Là, Moro s'arrêta, secouant la tête, et poussa un bruyant hennissement. Il paraissait étonné, et regardait de tous côtés, renâclant avec force.

Je savais qu'une fois qu'il m'aurait aperçu, il ne s'arrêterait pas jusqu'à ce qu'il eût pu frotter son nez contre ma joue, car c'était sa coutume habituelle. Je tendis mes mains vers lui et répétai encore les mots magiques.

Alors, regardant en bas, il m'aperçut, et, s'élançant aussitôt, il sauta dans le canal. Un instant après, je le tenais par la bride.

Il n'y avait pas de temps à perdre ; l'eau m'atteignait presque jusqu'aux aisselles. Je saisis la longe, et, la passant sous la sangle de la selle, je la nouai fortement, puis je m'entourai le corps avec l'autre bout. J'avais laissé assez de corde entre moi et la sangle pour pouvoir exciter et guider le cheval dans le cas où il faudrait un grand effort pour me tirer d'où j'étais.

Pendant tous ces préparatifs, l'animal muet, semblait comprendre ce que je faisais. Il connaissait aussi la nature du terrain sur lequel il se trouvait, car, durant toute l'opération, il levait ses pieds l'un après l'autre pour éviter d'être pris.

Mes dispositions furent enfin terminées, et, avec un sentiment d'anxiété terrible, je donnai à mon cheval le signal de partir. Au lieu de s'élancer, l'intelligent animal s'éloigna doucement comme s'il avait compris ma situation. La longe se tendit, je sentis que mon corps se déplaçait, et, un instant après, j'éprouvai une de ces jouissances profondes, impossibles à décrire, en me trouvant dégagé de mon tombeau de sable.

Un cri de joie s'échappa de ma poitrine. Je m'élançai vers mon cheval ; je lui jetai mes deux bras autour du cou ; je l'embrassai avec autant de délices que s'il eût été une charmante jeune fille. Il répondit à mes embrassements par un petit cri plaintif qui me prouva qu'il m'avait compris.

Je me mis en quête de mon rifle. Heureusement qu'il n'était pas très enfoncé, et je pus le ravoir. Mes bottes étaient restées dans le sable ; mais je ne m'arrêtai point à les chercher. La place où je les avais perdues m'inspirait un sentiment de profonde terreur.

Sans plus attendre, je quittais les bords de l'arroyo, et, montant à cheval, je me dirigeai au galop vers la route.

Le soleil était couché quand j'arrivai au camp, où je fus accueilli par les questions de mes compagnons étonnés :

— Avez-vous trouvé beaucoup de chèvres ? Où sont donc vos bottes ? — Est-ce à la chasse ou à la pêche que vous avez été?

Je répondis à toutes ces questions en racontant mon aventure, et cette nuit-là encore je fus le héros du bivouac.

CHAPITRE V

Santa-Fé.

Après avoir employé une semaine à gravir les montagnes rocheuses, nous descendîmes dans la vallée du Del-Norte, et nous atteignîmes la capitale du Nouveau-Mexique, la célèbre ville de Santa-Fé. Le lendemain, la caravane elle-même arriva, car nous avions perdu du temps en prenant la route du sud, et les wagons, en traversant la passe de Raton, avaient suivi la voie la plus rapide.

Nous n'eûmes aucune difficulté relativement à l'entrée de notre convoi, moyennant une taxe de cinq cents dollars d'*alcavala* pour chaque wagon. C'était une extorsion qui dépassait le tarif; mais les marchands étaient forcés d'accepter cet impôt.

Santa-Fé est l'entrepôt de la province, et le chef-lieu de son commerce. En l'atteignant nous fîmes halte et établîmes notre camp hors des murs.

Saint-Vrain, quelques autres propriétaires et moi, nous nous installâmes à la Fonda, où nous cherchâmes dans le délicieux vin d'el Paso l'oubli des fatigues que nous avions endurées à travers les plaines.

La nuit de notre arrivée se passa tout entière en festins et en plaisirs.

Le lendemain matin, je fus éveillé par la voix de mons Godé, qui paraissait de joyeuse humeur et chantonnait quelques fragments d'une chanson de bateliers canadiens.

— Ah! monsieur, me cria-t-il en me voyant éveillé, aujourd'hui, ce soir, il y a une grande *function*, — un bal, — ce que les Mexicains appellent le fandango. C'est très beau, monsieur. Vous aurez bien sûr un grand plaisir à voir un *fandango* mexicain.

— Non, Godé. Mes compatriotes ne sont pas aussi grands amateurs de la danse que les vôtres.

— C'est vrai, monsieur, mais un fandango! ça mérite d'être vu. Ça se compose de toutes sortes de pas: le *bolero*, la valse, la *coûna*, et beaucoup d'autres; le tout mélangé de *pouchero*. Allez! monsieur, vous verrez plus d'une jolie fille aux yeux noirs et avec de très courts... Ah! diable!... de très courts... comment appelez-vous cela en américain?

— Je ne sais pas de quoi vous voulez parler.

— Cela! cela, monsieur. — Et il me montrait la jupe de sa blouse de chasse. — Ah! pardieu, je le tiens! — *Petticoes*, de très cours *petticoes*. Ah! vraiment, vous verrez, vous verrez ce que c'est qu'un fandango mexicain :

Las ninas de Durango
Conmigo bailandas,
Al cielo saltandas
En el fandango—en el fan-dango.

— Ha! voici M. Saint-Vrain. Il n'a sans doute jamais vu un fandango. Sacristi! comme monsieur danse! comme un vrai

maître de ballet. Mais il est de *sangre*...
de sang français, vraiment. Voyez donc!

Al cielo saltandas
En el fan-dan-go—en el fan-dang ..

— Eh! Godé?

— Monsieur.

— Cours à la cantine et demande, prends
à crédit, achète ou chippe une bouteille
du meilleur Paso.

— Faut-il essayer de la chipper, monsieur Saint-Vrain? — demanda Godé avec
une grimace significative.

— Non, vieux coquin de Canadien!

paie-la, voilà de l'argent. Du meilleur Paso, tu entends? frais et brillant. Maintenant, *vaya!* — Bonjour, mon brave dompteur de buffalos. Encore au lit, à ce que je vois.

— J'ai une migraine qui me fend la tête.

— Ha! ha! ha! C'est comme moi tout à l'heure; mais Godé est allé chercher le remède. Poil de chien guérit la morsure. Allons, en bas du lit.

— Attendez au moins que j'aie pris une dose de votre médecine.

— C'est juste. Vous vous trouverez

mieux après. Dites-moi, comment vous trouvez-vous des plaisirs de la ville, hein?

— Vous appelez cela une ville!

— Mais oui; c'est ainsi qu'on la nomme partout: la *Ciudad de Santa-Fé*, la fameuse ville de Santa-Fé, la capitale du *Nuevo-Mexico*, la métropole de la prairie, le paradis des vendeurs, des trappeurs et des voleurs.

— Et voilà le progrès accompli dans une période de trois cents ans! En vérité, ce peuple semble à peine arrivé aux premiers échelons de la civilisation!

— Dites plutôt qu'il en a dépassé les derniers. Ici, dans cette oasis lointaine, vous trouverez peinture, poésie, danse, théâtre et musique, fêtes et feux d'artifice ; tous les raffinements de l'art et de l'amour qui caractérisent une nation en déclin. Vous rencontrerez en foule des don Quichottes, soi-disant chevaliers errants, des Roméos, moins le cœur, et des bandits moins le courage. Vous rencontrerez..... toutes sortes de choses avant de vous croiser avec la vertu ou l'honneur. — Hola! muchacho!

— *Que es senor?*

— Avez-vous du café?

— *Si senor.*

— Apportez deux tasses : *dos tazas* entendez-vous, et leste! *Aprisa! aprisa!*

— *Si senor?*

— Ha! voici le voyageur canadien! Eh bien! vieux Nord-ouest, apportes-tu le vin?

— C'est un vin délicieux, monsieur Saint-Vrain! ça vaut presque les vins français.

— Il a raison, Haller! (Tsap! tsap!) délicieux, vous pouvez le dire, mon cher Godé! (Tsap! tsap!) Allons, buvez; cela

va vous rendre fort comme un buffalo.
Voyez, il pétille comme de l'eau de Seltz!
comme *fontaine qui bouille* (1). Eh! Godé?

— Oui, monsieur; absolument comme
fontaine qui bouille, — parbleu! oui.

— Buvez, mon ami, buvez! ne craignez
pas ce vin-là; c'est pur jus de la vigne.
Sentez cela, humez ce bouquet. Dieu!
quel vin, les Yankees tireront un jour de
ces raisins du Nouveau-Mexique!

— Eh! quoi? croyez-vous que le Yankees
aient des vues sur ce pays?

(1) Nom d'une localité où il y a des eaux gazeüzes, aux
Etats-Unis.

— Si je le crois ? Je le sais. Et pourquoi pas ! A quoi peut servir cette race de singes dans la création ? Uniquement à embarrasser la terre. — Bien, garçon, vous avez apporté le café.

— *Ya, esta, senor.*

— Allons, prenez-moi quelques gorgées de cette liqueur, cela vous remettra sur pied tout de suite. Ils sont bons pour faire du café, par exemple ; les Espagnols sont passés maîtres en cela.

— Qu'est-ce que ce *fandango* dont Godé m'a parlé ?

— Ah ! c'est vrai. Nous allons avoir une

fameuse soirée, vous y viendrez, sans doute?

— Par pure curiosité!

— Très bien! votre curiosité sera satisfaite.

— Le vieux coquin de gouverneur doit honorer le bal de sa présence : et dit-on, sa charmante senora ; mais je ne crois pas que celle-ci vienne.

— Et pourquoi pas ?

— Il a trop peur qu'un de ces sauvages *Americanos* ne prenne fantaisie de l'enlever en croupe. Cela s'est vu quelquefois dans cette vallée. Par sainte Marie! c'est une charmante créature, — continua Saint-Vrain, se parlant à lui-même, — et je sais quelqu'un... Oh! le vieux tyran maudit! Pensez-y donc un peu!

— A quoi?

— Mais à la manière dont il nous a traités. Cinq cents dollars par wagon! et nous en avions un cent! en tout cinquante mille dollars!

— Mais, est-ce qu'il empoche tout cela? Est-ce que le gouvernement...

— Le gouvernement! le gouvernement

n'en touche pas un centime. C'est lui qui est le gouvernement ici. Et, grâce aux ressources qu'il tire de ces impôts, il gouverne les misérables habitants avec une verge de fer. Pauvres diables!

— Et ils le haïssent, je suppose?

— Lui et les siens. Dieu sait s'ils ont raison.

— Pourquoi donc alors ne se révoltent-ils pas?

— Cela leur arrive quelquefois. Mais que peuvent faire ces malheureux? Comme tous les tyrans, il a su les diviser et semer entre eux des haines irréconciliables.

— Mais il ne me semble pas qu'il ait une armée bien formidable: il n'a point de gardes-du-corps.

— Des gardes-du-corps, — s'écria Saint-Vrain en m'interrompant. — Regardez dehors! les voilà, ses gardes-du-corps.

— *Indios bravos!* les *Navajoes!* exclama Godé au même instant.

Je regardai dans la rue. Une demi-douzaine d'Indiens drapés dans des *sérapés* rayés passaient devant l'auberge. Leurs regards sauvages, leur démarche lente et fière, les faisaient facilement distinguer des *Indios manzos*, des *pueblos*, porteurs d'eau et bûcherons.

— Sont ce des Navajoes? — demandai-je.

— Oui, monsieur, oui, reprit Godé avec quelque animation. Sacrr....! des Navajoes, de véritables et damnés Navajoes!

— Il n'y a pas à s'y tromper, — ajouta Saint-Vrain.

— Mais les Navajoes sont les ennemis déclarés des Nouveau-Mexicains. Comment sont-ils ici, prisonniers?

— Ont-ils l'air de prisonniers?

Certes, on ne pouvait apercevoir aucun indice de captivité ni dans leurs regards ni dans leurs allures. Ils marchaient fièrement le long du mur, lançant de temps à autre sur les passants un coup d'œil sauvage, hautain et méprisant.

— Pourquoi sont-ils ici alors? Leur pays est bien loin vers l'ouest.

— C'est là un de ces mystères du Nouveau-Mexique sur lesquels je vous donnerai quelques éclaircissements une autre fois. Ils sont maintenant sous la protection d'un traité de paix qui les lie, tant

qu'il ne leur convient pas de le rompre.
Quant à présent, ils sont aussi libres ici
que vous et moi ; que dis-je ? ils le sont
bien davantage. Je ne serais point surpris de les rencontrer ce soir au fandango.

— J'ai entendu dire que les Navajoes
était cannibales?

— C'est la vérité. Observez-les un instant! Regardez comme ils couvent des
yeux ce petit garçon joufflu, qui paraît
instinctivement en avoir peur. Il est heureux pour ce petit drôle qu'il fasse grand
jour, sans cela il pourrait bien être étranglé sous une de ces couvertures rayées.

— Parlez-vous sérieusement, Saint-Vrain?

— Sur ma parole; je ne plaisante pas! Si je ne me trompe, Godé en sait assez pour pouvoir confirmer ce que j'avance. Eh! voyageur?

— C'est vrai, monsieur. J'ai été prisonnier dans la Nation : non pas chez les Navagh, mais chez les damnés d'Apachès, — c'est la même chose, — pendant trois mois. J'ai vu les sauvages manger, — *eat*, — un, deux *trie*, *trie* enfants rôtis, comme si c'étaient des bosses de buffles. C'est vrai, monsieur, c'est très vrai.

— C'est la vraie vérité : les Apachès et

les Navajoes enlèvent des enfants dans la vallée, ici, lors de leurs grandes expéditions ; et ceux qui ont été à même de s'en instruire assurent qu'ils les font rôtir. Est-ce pour les offrir en sacrifice au dieu féroce Quetzalcoatl ? est-ce par goût pour la chair humaine ? ce qu'on n'a pas encore bien pu vérifier. Bien peu parmi ceux qui ont visité leurs villes ont eu, comme Godé, la chance d'en sortir. Pas un homme de ces pays ne s'aventure à traverser la Sierra de l'Ouest.

— Et comment avez-vous fait, monsieur Godé, pour sauver votre chevelure ?

— Comment, monsieur ? Parce que je n'en ai pas. Je ne peux pas être scalpé. Ce que les trappeurs yankees appellent *har*, ma chevelure, est de la fabrication d'un barbier de Saint-Louis. Voilà, monsieur.

En disant cela, le Canadien ôta sa casquette, et, avec elle, ce que jusqu'à ce moment j'avais pris pour une magnifique chevelure bouclée, c'était une perruque.

— Maintenant, messieurs, — s'écria-t-il d'un ton de bonne humeur, — comment ces sauvages pourraient-ils prendre mon *scalp*? Les Indiens damnés n'en toucheront pas la prime, sacr-r-r...!

Saint-Vrain et moi ne pûmes nous empêcher de rire à la transformation comique de la figure du Canadien.

— Allons, Godé! le moins que vous puissiez faire après cela, c'est de boire un coup. Tenez, servez-vous.

— Très obligé, monsieur Saint-Vrain, je vous remercie ; et le voyageur, toujours altéré, avala le nectar d'el Paso comme il eût fait d'une tasse de lait.

— Allons, Haller ! Il faut que nous allions voir les wagons. Les affaires d'abord, le plaisir après : autant du moins que nous pourrons nous en procurer au milieu de ces tas de briques. Mais nous trouverons de quoi nous distraire à Chihuahua.

— Vous pensez que nous irons jusque-là ?

— Certainement. Nous n'aurons pas acheteurs ici pour le quart de notre cargaison. Il faudra porter le reste sur le marché principal. Au camp! allons!

CHAPITRE VI

Le Fandango.

Le soir, j'étais assis dans ma chambre, attendant Saint-Vrain. Il s'annonça du dehors en chantant :

> Las ninas de Durango
> Conmigo bailandas
> Al cielo.... ha !

— Êtes-vous prêt, mon hardi cavalier ?

— Pas encore. Asseyez-vous une minute et attendez-moi.

— Dépêchez-vous alors : la danse commence. Je suis revenu par là. Quoi ! c'est là votre costume de bal ! Ha ! ha! ha !

Et Saint-Vrain éclata de rire en me voyant vêtu d'un habit bleu et d'un pantalon noir assez bien conservés.

— Eh ! mais sans doute, répondis-je en le regardant, et qu'y trouvez-vous à redire ? — Mais est-ce là votre habit de bal, à vous ?

Mon ami n'avait rien changé à son costume ; il portait sa blouse de chasse frangée, ses guêtres, sa ceinture, son couteau et ses pistolets.

— Oui, mon cher dandy, ceci est mon habit de bal ; il n'y manque rien, et si vous voulez m'en croire, vous allez remettre ce que vous avez ôté. Voyez-vous un ceinturon et un couteau autour de ce bel habit bleu à longues basques ! ha ! ha ! ha !

— Mais quel besoin de prendre ceinturon et couteau ? Vous n'allez pas, peut-être, entrer dans une salle de bal avec vos pistolets à la ceinture ?

— Et de quelle autre manière voulez-vous que je les porte? dans mes mains?

— Laissez-les ici.

— Ha! ha! cela ferait une belle affaire! Non, non. Un bon averti en vaut deux. Vous ne trouverez pas un cavalier qui consente à aller à un fandango de Santa-Fé sans ses pistolets à six coups. Allons, remettez votre blouse, couvrez vos jambes comme elles l'étaient, et bouclez-moi cela autour de vous. C'est le *costume de bal* de ce pays-ci.

Du moment que vous m'affirmez que je serai ainsi *comme il faut*, ça me va.

— Je ne voudrais pas y aller en habit bleu, je vous le jure.

L'habit bleu fut replié et remis dans mon porte-manteau.

Saint-Vrain avait raison. En arrivant au lieu de réunion, une grande *sala* dans le voisinage de la *plaza*, nous le trouvâmes remplit de chasseurs, de trappeurs, de marchands, de voituriers, tous costumés comme ils le sont dans la montagne. Parmi eux se trouvaient une soixantaine d'indigènes avec autant de *senoritas*, que je reconnus, à leurs costumes, pour être des *poblanas*, c'est-à-dire, appartenant à la plus basse classe ; la seule classe de femmes, au surplus, que des étrangers pussent rencontrer à Santa-Fé.

Quand nous entrâmes, la plupart des

hommes s'étaient débarrassés de leurs sérapés pour la danse, et montraient dans tout leur éclat le velours brodé, le maroquin gaufré, et les berets de couleurs voyantes. Les femmes n'étaient pas moins pittoresques dans leurs brillantes *naguas*, leurs blanches chemisettes, et leurs petits souliers de satin. Quelques-unes étaient en train de sauter une vive polka; car cette fameuse danse était parvenue jusque dans ces régions reculées.

— Avez-vous entendu parler du télégraphe électrique? — *No, senor*. — Pourriez-vous me dire ce que c'est qu'un chemin de fer? — *Quien sabe!* — La polka! Ah! *senor, la polka! la polka! cosa buenita, tan graciosa! waya!*

La salle de bal était une grande *sala* oblongue, garnie de banquettes tout autour. Sur ces banquettes, les danseurs prenaient place, roulaient leurs cigarettes, bavardaient et fumaient dans l'intervalle des contredanses. Dans un coin, une demi-douzaine de fils d'Orphée faisaient résonner des harpes, des guitares et des mandolines; de temps en temps, ils rehaussaient cette musique par un chant aigu, à la manière indienne. Dans un autre angle, les montagnards, altérés, fumaient des puros en buvant du whisky de Thaos, et faisaient retentir la *sala* de leurs sauvages exclamations.

— Hola, ma belle enfant! *vamos, vamos,* à danser! *mucho bueno? mucho bueno?* voulez-vous?

C'est un grand gaillard à la mine brutale, de six pieds et plus, qui s'adresse à une petite *poblana* sémillante.

— *Mucho bueno, senor Americano !* répond la dame.

— Hurrah pour vous ! en avant ! marche ! Quelle taille légère ! Vous pourriez servir de plumet à mon chapeau. Qu'est-ce que vous voulez boire ? de l'*aguardiente* (1) ou du vin ?

— *Capitita de vino, señor.* (Un tout petit verre de vin, monsieur !)

— Voici, ma douce colombe ; avalez-

---

(1) *Aguardiente*, sorte d'eau-de-vie de blé de maïs.

moi ça en un saut d'écureuil!... Maintenant, ma petite, bonne chance, et un bon mari je vous souhaite!

— *Gracias, senor Americano!*

— Comment! vous comprenez cela? vous *intende*, vous entendez?

— *Si senor.*

— Bravo donc! Eh bien! ma petite, connaissez-vous la danse de l'ours?

— *No entiende.*

— Vous ne comprenez pas! tenez, c'est comme ça.

Et le lourdeau chasseur commence à se balancer devant sa partenaire, en imitant les allures de l'ours gris.

— Holà Bill! crie un camarade, tu vas être pris au piége, si tu ne te tiens pas sur tes gardes. As-tu tes poches bien garnies, au moins?

— Que je sois un chien, Gim, si je ne suis pas frappé là, — dit le chasseur étendant sa large main sur la région du cœur.

— Prends garde à toi, bonhomme! c'est une jolie fille, après tout.

— Très jolie! offre-lui un chapelet, si tu veux, et jette-toi à ses pieds!

— Beaux yeux qui ne demandent qu'à se rendre, oh les jolies jambes.

— Je voudrais bien savoir ce que son vieux magot demanderait pour la céder. J'ai grand besoin d'une femme; je n'en ai plus eu depuis celle de la tribu des Crow que j'avais épousée sur les bords du Yeller-Stone.

— Allons donc, bonhomme, tu n'es pas chez les Indiens. Fais, si tu peux, que la fille y consente, et il ne t'en coûtera qu'un collier de perles.

— Hurrah pour le vieux Missouri! — crie un voiturier.

— Allons, enfants! montrons-leur un

peu comment un Virginien se fraie son chemin. Débarrassez la cuisine, vieilles et jeunes canailles.

— Gare à droite et à gauche! la vieille Virginie va toujours de l'avant.

— *Viva el Gobernador! viva Armijo! viva, viva!*

L'arrivée d'un nouveau personnage faisait sensation dans la salle. Un gros homme fastueux, à tournure de prêtre, faisait son entrée, accompagné de plusieurs individus. C'était le gouverneur avec sa suite, et un certain nombre de citoyens bien couverts, qui formaient sans doute l'élite de la société new-mexicaine. Quelques-uns des nouveaux arrivants étaient des militaires revêtus d'uniformes brillants et extravagants ; on les vit bientôt pirouetter autour de la salle dans le tourbillon de la valse.

— Où est la senora Armijo? demandai-je tout bas à Saint-Vrain.

— Je vous l'avais dit : elle n'est pas venue. Attendez-moi ici, je m'en vais pour quelques instants. Procurez-vous une danseuse, et voyez à vous divertir. Je serai de retour dans un moment. Au revoir.

Sans plus d'explications, Saint-Vrain se glissa à travers la foule et disparut.

Depuis mon entrée, j'étais demeuré assis sur une banquette, près de Saint-Vrain, dans un coin écarté de la salle. Un homme d'un aspect tout particulier occupait la place voisine de mon compagnon, et était plongé dans l'ombre d'un rideau.

J'avais remarqué cet homme tout en entrant, et j'avais remarqué aussi que Saint-Vrain avait causé avec lui; mais je n'avais pas été présenté, et l'interposition de mon ami avait empêché un examen plus attentif de ma part, jusqu'à ce que Saint-Vrain se fût retiré. Nous étions maintenant l'un près de l'autre, et je commençai à pousser une sorte de reconnaissance angulaire de la figure et de la tournure qui avaient

frappé mon attention par leur étrangeté.
Ce n'était pas un Américain ; on le reconnaissait à son vêtement, et cependant sa figure n'était pas mexicaine. Ses traits étaient trop accentués pour un Espagnol, quoique son teint, hâlé par l'air et le soleil, fût brun et bronzé.

Sa figure était rasée, à l'exception du menton, qui était garni d'une barbe noire taillée en pointe. L'œil, autant que je pus le voir sous l'ombre d'un chapeau rabattu, était bleu et doux. Les cheveux noirs et ondulés, marqués çà et là d'un fil d'argent. Ce n'étaient point là les traits caractéristiques d'un Espagnol, encore moins d'un Hispano-Américain ; et, n'eût été son costume, j'aurais assigné à mon voisin une toute autre origine. Mais il était entièrement vêtu à la mexicaine, enveloppé d'une *munga* pourpre, rehaussée de broderies de velours noir le long des bords et autour des ouvertures.

Comme ce vêtement le couvrait presque en entier, je ne faisais qu'entrevoir en dessous une paire de calzoneros de velours vert, avec des boutons jaunes et des aiguillettes de rubans, blancs comme la neige, pendant le long des coutures. La partie intérieure des calzoneros était garnie de basane noire gaufrée, et venait joindre les tiges d'une paire de bottes jaunes munies de forts éperons en acier. La large bande de cuir piqué qui soutenait les éperons et passait sur le coude-pied donnait à cette partie le contour particulier que l'on remarque dans les portraits des anciens chevaliers armés de toutes pièces. Il portait un sombrero noir à larges bords, entouré d'un large galon d'or. Une paire de ferrets, également en or, dépassait la bordure : mode du pays.

Cet homme avait son sombrero penché du côté de la lumière, et paraissait vouloir cacher sa figure. Cependant, il n'était pas disgracié sous ce rapport. Sa physionomie, au contraire, était ouverte et attrayante ; ses traits avaient dû être beaux autrefois, avant d'avoir été altérés, et couverts d'un voile de profonde mélancolie par des chagrins que j'ignorais. C'était l'expression de cette tristesse qui m'avait frappé au premier aspect.

Pendant que je faisais toutes ces remarques, en le regardant de côté, je m'aperçus qu'il m'observait de la même manière, et avec un intérêt qui semblait égal au mien. Il fit sans doute la même découverte, et nous nous retournâmes en même temps de manière à nous trouver face à face; alors l'étranger tira de sa manga un petit cigarero brodé de perles et me le présenta gracieusement en disant :

— *Quiere a fumar, caballero?* (Désirez-vous fumer, monsieur ?)

— Volontiers, je vous remercie, — répondis-je en espagnol ; et en même temps je tirai une cigarette de l'étui.

A peine avions-nous allumé, que cet homme, se tournant de nouveau vers moi, m'adressa à brûle-pourpoint cette question inattendue :

— Voulez-vous vendre votre cheval ?

— Non.

— Pour un bon prix ?

— A aucun prix.

— Je vous en donnerai cinq cents dollars.

— Je ne le donnerais pas pour le double.

— Je vous en donnerai le double.

— Je lui suis attaché. Ce n'est pas une question d'argent.

— J'en suis désolé. J'ai fait deux cents mille pour acheter ce cheval.

Je regardai mon interlocuteur avec étonnement et répétai machinalement ses derniers mots.

— Vous nous avez donc suivis depuis l'Arkansas?

— Non, je viens du Rio-Abajo.

— Du Rio-Abajo ! du bas du Del Norte ?

— Oui.

— Alors, mon cher monsieur, il y a erreur. Vous croyez parler à un autre et traiter de quelque autre cheval.

— Oh ! non ; c'est bien du vôtre qu'il s'agit, un étalon noir, avec le nez roux, et à tous crins ; demi-sang arabe. Il a une petite marque au dessus de l'œil gauche.

Ce signalement était assurément celui de Moro, et je commençai à éprouver une sorte de crainte superstitieuse à l'endroit de mon mystérieux voisin.

— En vérité, répliquai-je, c'est tout à fait cela ; mais j'ai acheté cet étalon, il y a plusieurs mois, à un planteur louisianais. Si vous arrivez de deux cents mille au dessous du Rio Grande, comment, je vous demande, avez-vous pu avoir la moindre connaissance de moi ou de mon cheval ?

— *Dispensadme, caballero !* je ne prétends rien de semblable. Je viens de loin au devant de la caravane pour acheter un cheval américain. Le vôtre est le seul dans toute la cavalcade qui puisse me convenir, et, à ce qu'il paraît, le seul que je ne puisse me procurer à prix d'argent.

— Je le regrette vivement ; mais j'ai éprouvé les qualités de l'animal. Nous sommes devenus amis, et il faudrait un motif bien puissant pour que je consentisse à m'en séparer.

— Ah ! senor, c'est un motif bien puissant qui me rend si désireux de l'acheter. Si vous saviez pourquoi, peut-être... — Il hésita un moment. — Mais non, non, non !

Après avoir murmuré quelques paroles incohérentes au milieu desquelles je pus distinguer les mots *buanas noches, ca-*

ballero! l'étranger se leva en conservant les allures mystérieuses qui le caractérisaient, et me quitta. J'entendis le cliquetis de ses éperons pendant qu'il se frayait lentement un chemin à travers la foule joyeuse, et il disparut dans l'ombre.

Le siége vacant fut immédiatement occupé par une *monola* tout en noir, dont la brillante *nagna*, la chemisette brodée, les fines chevilles et les petits pieds chaussés de pantoufles bleues attirèrent mon attention. C'était tout ce que je pouvais apercevoir de sa personne; de temps en temps, l'éclair d'un grand œil noir m'arrivait à travers l'ouverture du *rebozo tapado* (mantille fermée). Peu à peu le *rebozo* devint moins discret, l'ouverture s'agrandit, et il me fut permis d'admirer les contours d'une petite figure charmante et pleine de malice. L'extrémité de la mantille fut adroitement rejetée par dessus l'épaule gauche, et découvrit un bras nu, arrondi, terminé par une grappe de petits doigts chargés de bijoux, et pendant nonchalamment.

Je suis passablement timide ; mais, à la vue de cette attrayante partenaire, je ne pus y tenir plus longtemps, et, me penchant vers elle, je lui dis dans mon meilleur espagnol : — Voulez-vous bien, mademoiselle, m'accorder la faveur d'une valse ?

La malicieuse petite manola baissa d'abord la tête en rougissant ; puis, relevant les longs cils de ses yeux noirs, me regarda et me répondit avec une douce voix de canari :

— *Con gusto, senor* (avec plaisir, monsieur).

— Allons! — m'écriai-je, enivré de mon triomphe, et saisissant la taille de ma brillante danseuse, je m'élançai dans le tourbillonnement du bal.

Nous revînmes à nos places, et, après nous être rafraîchis avec un verre d'Albukerque, un massepain et une cigarette, nous reprîmes notre élan. Cet agréable programme fut répété à peu près une demi-douzaine de fois; seulement, nous alternions la valse avec la polka, car ma manola dansait la polka aussi bien que si elle fût née en Bohême.

Je portais à mon petit doigt un diamant de cinquante dollars, que ma danseuse semblait trouver *muy buenito*. La flamme de ses yeux m'avait touché le cœur, et les fumées du champagne me montaient à la tête ; je commençai à calculer le résultat que pourrait avoir la translation de ce diamant de mon petit doigt au médium de sa jolie petite main, où sans doute il aurait produit un charmant effet.

Au même instant je m'aperçus que j'étais surveillé de près par un vigoureux *lepero* de fort mauvaise mine, un vrai *pelado* qui nous suivait des yeux, et quelquefois de sa personne, dans toutes les parties de la salle. L'expression de sa sombre figure était un mélange de férocité et de jalousie que ma danseuse remarquait fort bien, mais qu'elle me semblait assez peu soucieuse de calmer.

— Quel est cet homme? — lui demandai-je tout bas, comme il venait de passer près de nous, enveloppé dans son sérapé rayé.

— *Esta mi marido, senor* — (c'est mon mari, monsieur), me répondit-elle froidement.

Je renfonçai ma bague jusqu'à la paume

et tins ma main serrée comme un étau.

Pendant ce temps, le whisky de Taos avait produit son effet sur les danseurs. Les trappeurs et les voituriers étaient devenus bruyants et querelleurs. Les *leperos* qui remplissaient la salle, excités par le vin, la jalousie, leur vieille haine, et la danse, devenaient de plus en plus sombres et farouches. Les blouses de chasse franchées et les grossières blouses brunes trouvaient faveur auprès des *majas* aux yeux noirs à qui le courage inspirait autant de respect que de crainte; et la crainte est souvent un motif d'amour chez ces sortes de créatures.

Quoique les caravanes alimentassent

presque exclusivement le marché de Santa-Fé, et que les habitants eussent un intérêt évident à rester en bons termes avec les marchands, les deux races, anglo-américaine et hispano-indienne, se haïssent cordialement; et cette haine se manifestait en ce moment, d'un côté par un mépris écrasant, et de l'autre par des *carajos* concentrés et des regards féroces respirant la vengeance.

Je continuais à babiller avec ma gentille partenaire. Nous étions assis sur la banquette où je m'étais placé en arrivant. En regardant par hasard au-dessus de moi, mes yeux s'arrêtèrent sur un objet brillant. Il me sembla reconnaître un couteau dégaîné qu'avait à la main *su marido*, qui se tenait debout derrière nous comme l'ombre d'un démon. Je ne fis qu'entrevoir comme un éclair ce dangereux instrument, et je pensais à me mettre en garde, lorsque quelqu'un me tira par la manche; je me retournai et me trouvai en face de mon précédent interlocuteur à la manga pourpre.

— Pardon, monsieur, — me dit-il en me saluant gracieusement, — je viens d'apprendre que la caravane pousse jusqu'à Chihuahua.

— Oui; nous n'avons pas acheteurs ici pour toutes nos marchandises.

— Vous y allez, naturellement?

— Certainement, il le faut.

— Reviendrez-vous par ici, senor?

— C'est très probable. Je n'ai pas d'autre projet pour le moment.

— Peut-être alors pourrez-vous consentir à céder votre cheval? Il vous sera facile d'en trouver un autre aussi bon dans la grande vallée du Mississipi.

— Cela n'est pas probable.

— Mais, senor, si vous y étiez disposé, voulez-vous me promettre la préférence?

— Oh! cela, je vous le promets de tout mon cœur.

Notre conversation fut interrompue par un maigre et gigantesque Missourien, à moitié ivre, qui, marchant lourdement sur les pieds de l'étranger, cria :

— Allons, heup, vieux marchand de graisse! donne-moi ta place.

— *Y porque?* (et pourquoi ?) — demanda le Mexicain se dressant sur ses pieds, et toisant le Missourien avec une surprise indignée.

— *Porky* te damne! Je suis fatigué de danser. J'ai besoin de m'asseoir. Voilà, vieille bête.

Il y avait tant d'insolence et de brutalité dans l'acte de cet homme, que je ne pus m'empêcher d'intervenir.

— Allons! — dis-je en m'adressant à lui, — vous n'avez pas le droit de prendre la place de ce gentleman, et surtout d'agir d'une telle façon.

— Eh! monsieur, qui diable vous demande votre avis? Allons, heup! je dis;— et il saisit le Mexicain par le coin de sa manga comme pour l'arracher de son siége.

Avant que j'eusse eu le temps de répliquer à cette apostrophe et à ce geste, l'étranger était debout, et d'un coup de poing bien appliqué envoyait rouler l'insolent à quelques pas.

Ce fut comme un signal. Les querelles atteignirent leur plus haut paroxysme. Un mouvement se fit dans toute la salle. Les clameurs des ivrognes se mêlèrent aux malédictions dictées par l'esprit de vengeance; les couteaux brillèrent hors de l'étui; les femmes jetèrent des cris d'épouvante, et les coups de feu éclatèrent, remplissant la chambre d'une épaisse fumée. Les lumières s'éteignirent, et l'on entendit le bruit d'une lutte effroyable dans les ténèbres, la chute de corps pesants, les vociférations, les jurements, etc. La mêlée dura environ cinq minutes.

N'ayant pour ma part aucun motif d'irritation contre qui que ce fût, je restai debout à ma place sans faire usage ni de mon couteau ni de mes pistolets; ma *maja*, effrayée, se serrait contre moi en me tenant par la main. Une vive douleur que je ressentis à l'épaule gauche me fit lâcher tout à coup ma jolie compagne, et, sous l'empire de cette inexpressible faiblesse que provoque toujours une blessure reçue, je m'affaissai sur la banquette. J'y demeurai assis jusqu'à ce que le tumulte fût apaisé, sentant fort bien qu'un ruisseau de sang s'échappait de mon dos et imbibait mes vêtements de dessous.

Je restai dans cette position, dis-je, jusqu'à ce que le tumulte eût pris fin; j'aperçus un grand nombre d'hommes vêtus en chasseurs courant çà et là en ges-

ticulant avec violence. Les uns cherchaient
à justifier ce qu'ils appelaient une bagarre,
tandis que d'autres, les plus respectables
parmi les marchands, les blâmaient. Les
leperos et les femmes avaient tous disparu,
et je vis que les *Americanos* avaient remporté la victoire. Plusieurs corps gisaient
sur le plancher; c'étaient des hommes
morts ou mourants.

L'un était un Américain, le Missourien,
qui avait été la cause immédiate du tumulte; les autres étaient des *pelados*. Ma
nouvelle connaissance, l'homme à la
manga pourpre, n'était plus là. Ma *fandanguera* avait également disparu, ainsi
que *su marido*, et, en regardant à ma main
gauche, je reconnus que mon diamant
aussi avait disparu.

— Saint-Vrain! Saint-Vrain! criai-je en voyant la figure de mon ami se montrer à la porte.

— Où êtes-vous, Haller, mon vieux camarade? Comment allez-vous? bien, j'espère?

— Pas tout à fait, je crains.

— Bon Dieu! qu'y a-t-il donc? Aïe! vous avez reçu un coup de couteau dans les reins! Ce n'est pas dangereux, j'espère. Otons vos habits que je voie cela.

— Si nous regagnions d'abord ma chambre?

— Allons! tout de suite, mon cher garçon; appuyez-vous sur moi; appuyez, appuyez-vous!

Le fandango était fini.

CHAPITRE VII

Séguin le chasseur de scalps.

J'avais eu précédemment le plaisir de recevoir une blessure sur le champ de bataille. Je dis *le plaisir*; sous certains rapports, les blessures ont leur charme. On vous a transporté sur une civière en lieu de sûreté ; un aide-de-camp, penché sur le cou de son cheval écumant, annonce que l'ennemi est en pleine déroute, et vous délivre ainsi de la crainte d'être transpercé par quelque lancier moustachu; un chirurgien se penche affectueusement vers vous, et, après avoir examiné pendant quelque temps votre blessure, vous dit : Ce n'est qu'une égratignure, et vous serez guéri avant une ou deux semaines. Alors vous apparaissent les visions de la gloire, de la gloire chantée par les gazettes ; le mal présent est oublié dans la contemplation des triomphes futurs, des félicitations des amis, des tendres sourires de quelque personne plus chère encore. Réconforté par ces espérances, vous restez étendu sur votre dur lit de camp, remerciant presque la balle qui vous a traversé la cuisse, ou le coup de sabre qui vous a ouvert le bras.

Ces émotions, je les avais ressenties. Combien sont différents les sentiments qui vous agitent quand on agonise des suites d'une blessure due au poignard d'un assassin !

J'étais surtout fort inquiet de savoir quelle pouvait être la profondeur de ma blessure. Étais-je mortellement atteint? Telle est la première question que l'on s'adresse quand on s'est senti frappé. Il est rare que le blessé puisse se rendre compte du plus ou moins de gravité de son état. La vie peut s'échapper avec le sang à chaque pulsation des artères, sans que la souffrance dépasse beaucoup celle d'une piqûre d'épingle.

En arrivant à la fonda, je tombai épuisé sur mon lit. Saint-Vrain fendit ma blouse de chasse depuis le haut jusqu'en bas, et commença par examiner la plaie. Je ne pouvais voir la figure de mon ami, puisqu'il était derrière moi, et j'attendais avec impatience.

— Est-ce profond ? — demandai-je.

— Pas aussi profond qu'un puits et moins large qu'une voie de wagon, — me fut-il répondu. — Vous êtes sauf, mon vieux camarade. Remerciez-en Dieu, et non l'homme qui vous a coutelé, car le gredin a fait tout ce qu'il a pu pour vous expédier. C'est un coup de couteau espagnol, et c'est une terrible blessure. Par le Seigneur ! Haller, il s'en est peu fallu ! un pouce de plus, et l'épine dorsale était atteinte, mon garçon ! Mais vous êtes sauf, je vous l'assure. Godé, passez-moi cette éponge !

— Sacr-ré !... — murmura Godé articulant avec toute l'énergie française, pendant qu'il tendait l'éponge humide.

Je sentis le frais de l'eau ; puis une compresse de coton fin et tout neuf, ce qu'on put trouver de mieux dans ma garderobe, fut appliquée sur la blessure, et fixée avec des bandes. Le plus adroit chirurgien n'aurait pas fait mieux.

— Voilà qui est bien arrangé, — ajouta Saint-Vrain, en posant la dernière épingle et en me plaçant dans la position la plus commode. — Mais qui donc a provoqué cette bagarre, et comment avez-vous fait pour y jouer un pareil rôle? Et j'étais dehors, malheureusement!

— Avez-vous remarqué un homme d'une tournure étrange?

— Qui? celui qui portait une manga rouge?

— Oui.

— Qui était assis près de nous?

— Oui.

— Ah! je ne m'étonne pas que vous lui ayez trouvé une tournure étrange, et il est plus étrange encore qu'il ne paraît. Je l'ai vu, je le connais, et peut-être suis-je le seul de tous ceux qui étaient là qui puisse en dire autant. Si ; il y en avait un autre, — continua Saint-Vrain avec un singulier sourire, — mais ce qui m'intrigue, c'est de savoir pourquoi il se trouvait là. Armijo ne doit pas l'avoir vu. — Mais continuez.

Je racontai à Saint-Vrain toute ma conversation avec l'étranger, et les incidents qui avaient mis fin au fandango.

— C'est bizarre, très bizarre! Que diable peut-il avoir tant à faire de votre cheval? Courir deux cents mille, et offrir mille dollars!

— Méfiez-vous, capitaine! — Godé me donnait le titre de capitaine depuis mon aventure avec les buffalos; — si ce monsieur a fait deux cents milles et veut payer un mille *thousand* dollars, pardieu! c'est que Moro lui plaît diablement. Cela montre une grande passion pour ce cheval! *why*, pourquoi, puisqu'il en a tant envie, pourquoi ne le volerait-il pas?

Je fus frappé de cette supposition, et me tournai vers Saint-Vrain.

— Avec la permission du capitaine, je vais cacher le cheval, — continua le Canadien en se dirigeant vers la porte.

— Ne vous tourmentez pas, vieux Nord-Ouest, du moins en ce qui concerne ce gentleman. Il ne volera pas votre cheval. Malgré cela, ce n'est pas une raison pour vous empêcher de suivre votre idée et de cacher l'animal. Il y a assez de coquins à Santa-Fé pour voler les chevaux de tout un régiment. Ce que vous avez de mieux à faire, c'est de l'attacher tout près de cette porte.

Godé, après avoir envoyé Santa-Fé et tous ses habitants à un pays où il fait beaucoup plus chaud qu'au Canada, c'est-à-dire à tous les diables, se dirigea vers la porte et disparut.

— Quel est donc cet homme? — demandai-je, — qui semble environné de tant de mystères?

— Ah! si vous saviez! Je vous raconterai, quand l'occasion s'en présentera, quelques épisodes étranges; mais pas ce soir. Vous n'avez pas besoin d'être excité. C'est le fameux Séguin, le chasseur de scalps.

— Le chasseur de scalps!

— Oui; vous avez sans doute entendu parler de lui, cela ne peut pas être autrement pour peu que vous ayez parcouru la montagne.

— J'en ai entendu parler. L'infâme scélérat! l'égorgeur sans pitié d'innocentes victimes!...

Une forme noire s'agita sur le mur, c'était l'ombre d'un homme. Je levai les yeux. Seguin était devant moi.

Saint-Vrain, en le voyant entrer, s'était retourné, et se tenait près de la fenêtre, semblant surveiller la rue.

J'étais sur le point de continuer ma tirade en lui donnant la forme de l'apostrophe, et d'ordonner à cet homme de s'ôter de devant mes yeux, mais je me sentis impressionné par la nature de son regard, et je restai muet. Je ne saurais dire s'il m'avait entendu ou s'il avait compris à qui s'adressaient les épithètes injurieuses que j'avais proférées ; rien dans sa contenance ne trahissait qu'il en fût ainsi. Je remarquai seulement le même regard qui m'avait tout d'abord attiré, la même expression de mélancolie profonde.

Se pouvait-il que cet homme fût l'abominable bandit dont j'avais entendu parler, l'auteur de tant d'atrocités horribles ?

— Monsieur, — dit-il, voyant que je

gardais le silence, — je suis vivement peiné de ce qui vous est arrivé. J'ai été la cause involontaire de ce malheur. Votre blessure est-elle grave?

— Non, répondis-je avec une sécheresse qui sembla le déconcerter.

— J'en suis heureux, — reprit-il après une pause. — Je venais vous remercier de votre généreuse intervention ; je quitte Santa-Fé dans dix minutes, et je viens vous faire mes adieux.

Il me tendit la main. Je murmurai le mot « adieu », mais sans répondre à son geste par un geste semblable. Les récits des cruautés atroces associées au nom de cet homme me revenaient à l'esprit, et je ressentais une profonde répulsion pour lui. Son bras demeura tendu et sa physionomie revêtit une étrange expression quand il s'aperçut que j'hésitais.

— Je ne puis accepter votre main, — lui dis-je enfin.

— Et pourquoi? — demanda-t-il avec douceur.

— Pourquoi? Elle est rouge, elle est rouge de sang. Retirez-vous, monsieur, retirez-vous!

Il arrêta sur moi un regard rempli de douleur dans lequel on n'apercevait aucun symptôme de colère; il retira sa main sous les plis de sa manga, et, poussant un profond soupir, se retourna et sortit lentement de la chambre.

Saint-Vrain, qui était revenu sur la fin de cette scène, courut vers la porte, et le suivit des yeux. Je pus, de la place où j'étais couché, voir le Mexicain au moment où il traversait le vestibule. Il s'était enveloppé jusqu'aux yeux dans sa manga, et marchait dans l'attitude du plus profond abattement. Un instant après il avait disparu, ayant passé sous le porche et de là dans la rue.

— Il y a quelque chose de vraiment

mystérieux chez cet homme. Dites-moi, Saint-Vrain...

— Chut! chut! regardez là-bas! — interrompit mon ami, tandis que sa main était dirigée vers la porte ouverte.

Je regardai, et, à la clarté de la lune, je vis trois formes humaines glissant le long du mur et se dirigeant vers l'entrée de la cour. Leur taille, leur attitude toute particulière et leurs pas silencieux me convainquirent que c'étaient des Indiens. Un moment après, ils avaient disparu sous l'ombre épaisse du porche.

— Quels sont ces individus? — demandai-je.

— Les ennemis du pauvre Séguin, plus dangereux pour lui que vous ne le désireriez si vous le connaissiez mieux. Je tremble pour lui si ces bêtes féroces le rencontrent dans la nuit. Mais non ; il est bien sur ses gardes, et il sera secouru s'il est attaqué ; il le sera. Demeurez tranquille, Harry ! je reviens dans moins d'une seconde.

Disant cela, Saint-Vrain me quitta, et, un instant après, je le vis traverser rapidement la grande porte.

Je restai plongé dans des réflexions profondes sur l'étrangeté des incidents qui se multipliaient autour de moi, et ces réflexions n'étaient pas toutes gaies. J'avais outragé un homme qui ne m'avait fait aucune injure et pour lequel il était évident que mon ami professait un grand respect. Le bruit d'un sabot de cheval sur la pierre se fit entendre auprès de moi : c'était Godé avec Moro, et, un instant après, je l'entendis enfoncer un piquet entre les pavés.

Presque aussitôt, Saint-Vrain rentra.

—Eh bien,—demandai-je,—que s'est-il passé?

—Pas grand'chose. C'est un renard qui ne s'endort jamais. Il était à cheval avant qu'ils fussent près de lui, et a bientôt été hors de leur atteinte.

— Mais ne peuvent-ils pas le poursuivre à cheval?

— Ce n'est pas probable. Il a des compagnons près d'ici, je vous le garantis. Armijo, — c'est lui qui a mis ces coquins-là sur ses traces, — Armijo ne dispose pas de forces capables d'oser le suivre une fois qu'il sera dans ses montagnes.

— Mais, mon cher Saint-Vrain, dites-moi donc ce que vous savez à l'endroit de cet homme extraordinaire? Ma curiosité est excitée au plus haut degré.

— Non, pas ce soir, Harry; pas ce soir. Je ne veux pas vous causer plus d'agitation; en outre, j'ai besoin de vous quitter en ce moment. A demain, donc. Bonsoir! bonsoir!

Et, ce disant, mon pétulant ami me laissa entre les mains de Godé, au repos de la nuit.

CHAPITRE VIII

Laissé en arrière.

Le départ de la caravane pour Chihuahua avait été fixé au troisième jour après le fandango.

Ce jour arrivé, je me trouve hors

d'état de partir! Mon chirurgien, abominable sangsue mexicaine, m'affirme que c'est courir à une mort certaine que de me mettre en route. En l'absence de toute preuve contraire, je suis forcé de m'en rapporter à lui. Je n'ai pas d'autre alternative que la triste nécessité d'attendre à Santa-Fé le retour des marchands.

Cloué sur mon lit par la fièvre, je dis adieu à mes compagnons. Nous nous séparons à regret ; mais surtout je suis vivement affecté en disant adieu à Saint-Vrain, dont la joyeuse et cordiale confraternité avait été ma consolation pendant ces trois jours de souffrance. Il me donna une nouvelle preuve de son amitié en se chargeant de la conduite de mes wagons et de la vente de mes marchandises sur le marché de Chihuahua.

— Ne vous inquiétez pas, mon garçon, —me dit-il en me quittant. — Tâchez de tuer le temps avec le champagne et le *paso*. Nous serons revenus en un saut d'écureuil ; et, croyez-moi, je vous rapporterai des doublons mexicains de quoi charger une mule. Dieu vous garde ! Adieu !

Je pus me mettre sur mon séant, et, à travers la fenêtre ouverte, voir défiler les bâches blanches des wagons, qui semblaient une chaîne de collines en mouvement. J'entendis le claquement des fouets et les sonores *huo-hya* des voituriers. Je vis les marchands à cheval galoper à la suite, et je me retournai sur ma couche plein du sentiment de ma solitude et de mon abandon.

Pendant plusieurs jours, je demeurai couché, inquiet et agité, malgré l'influence consolatrice du champagne et les soins affectueux, quoique rudes, de mon valet voyageur.

Enfin je pus me lever, m'habiller et m'asseoir à ma *ventana*. De là, j'avais une belle vue de la place et des rues adjacentes, voies sablonneuses bordées de maisons brunes bâties en *adobé* (1).

Des heures entières s'écoulent pour moi dans la contemplation des gens qui passent. La scène n'est pas dépourvue de

(1) Larges briques séchées au soleil.

nouveauté et de variété. De laides figures basanées se montrent sous les plis de noirs rebozos ; des yeux menaçants lancent leurs flammes sous les larges bords des *sombreros*. Des *poblanas* en courts jupons et en pantoufles passent sous ma fenêtre. Des groupes d'Indiens soumis, des *pueblos*, arrivent des *ranchérias* (petites fermes) voisines, frappant leurs ânes pour les faire avancer. Ils apportent des paniers de fruits et de légumes. Ils s'installent au milieu de la place sablonneuse, derrière des tas de poires longues, ou des pyramides de tomates et de *chilé*. Les femmes, achetant au détail, ne font que rire, chanter et babiller. La *tortillera*, à genoux près de son *metaté*, fait cuire sa pâte de maïs, l'étend en feuilles minces, la pose sur les pierres chaudes et crie : *Tortillas! tortillas calientes!* (Tortillas toutes chaudes). La *cocinera* épluche les gousses poivrées de *chilé colorado*, agite le liquide rouge avec sa cuiller de bois, et allèche les pratiques par ces mots : « *Chile bueno! excellente!* » — « *Carbon! carbon!* » crie le charbonnier! « *Agua! agua limpia!* » chante le porteur d'eau! «*Pan fino! Pan blanco!* » hurle le boulanger. Et une foule d'autres cris poussés par les vendeurs d'*atolé*, de *huevos* et de *leché*, forment l'ensemble le plus discordant qu'on puisse imaginer. Telles sont les *voix* d'une place publique au Mexique.

C'est d'abord assez amusant ; mais cela devient monotone, puis désagréable ; jusqu'à ce qu'enfin j'en sois obsédé au point de ne pouvoir plus les entendre sans en avoir la fièvre.

Quelques jours après, je puis enfin marcher, et je vais me promener avec mon fidèle Godé. Nous parcourons la ville. Elle me fait l'effet d'un vaste amas de briques préparées pour recevoir le feu.

Partout nous trouvons le même *adobé* brun, les mêmes *leperos* de mauvaise mine, flânant aux coins des rues; les mêmes jeunes filles aux jambes nues et chaussées de pantoufles; les mêmes files d'ânes rossés; les mêmes bruits et les mêmes détestables cris.

Nous passons devant une espèce de masure dans un quartier éloigné, et nous sommes salués par des voix sortant de de l'intérieur. Elles crient : *Mueran los Yankees! Abajo los Americanos!* Sans doute le *pelado* à qui je suis redevable de ma blessure est parmi les canailles qui garnissent les croisées. Mais je connais trop l'anarchie du pays pour m'aviser d'en appeler à la justice.

Les mêmes cris nous suivirent dans une autre rue, puis sur la place. Godé et moi nous rentrâmes à la fonda convaincus qu'il n'était pas sans danger de nous montrer en public. Nous résolûmes en conséquence de rester dans l'enceinte de l'hôtel.

A aucune époque de ma vie je n'ai autant souffert de l'ennui que dans cette ville à demi-barbare, et confiné entre les murs d'une sale auberge. Et cet ennui était d'autant plus pesant, que je venais de traverser une période toute de gaîté, au milieu de joyeux garçons que je me représentais à leurs bivouacs sur les bords du Del Norte, buvant, riant ou écoutant quelque terrible histoire des montagnes.

Godé partageait mes sentiments et se désespérait comme moi. L'humeur joviale du voyageur disparaissait. On n'entendait plus la chanson des bateliers canadiens, mais les « s....., » les « f....., » et les « godd... » ronflaient à chaque instant, provoqués par tout ce qui tenait du Mexique ou des Mexicains. Je pris enfin la résolution de mettre un terme à nos souffrances.

— Nous ne pourrons jamais nous habituer à cette vie-là, Godé!—dis-je un jour à mon compagnon.

— Ah! monsieur! jamais, jamais nous ne pourrons nous y habituer ! Ah! c'est assomant! plus assomant qu'un assemblée de quakers...

— Je suis décidé à ne pas la mener plus longtemps.

— Mais qu'est-ce que monsieur prétend faire? Quel moyen, capitaine?

— Je quitte cette maudite ville, et cela pas plus tard que demain.

— Mais monsieur est-il assez fort pour monter à cheval ?

— J'en veux courir le risque, Godé. Si les forces me manquent, il y a d'autres villes le long de la rivière où nous pourrons nous arrêter. Où que ce soit, nous serons mieux qu'ici.

— C'est vrai, capitaine; il y a de beaux villages le long de la rivière : Albuquerque, Tomé. Il n'en manque pas, et, Dieu merci, nous y serons mieux qu'ici. Santa-Fé est un repaire d'affreux gredins. C'est fameux de nous en aller, monsieur, fameux.

— Fameux ou non, Godé, je m'en vais. Ainsi, préparez tout cette nuit même, car je veux quitter la ville avant le lever du soleil.

— Dieu merci! ce sera avec un grand plaisir que je préparerai tout.

— Et le Canadien sortit en courant de la chambre, se frottant les mains de joie.

J'avais pris la résolution de quitter Santa-Fé à tout prix; je voulais, si mes forces à moitié rétablies me le permettaient, suivre, et même, s'il était possible, rattraper la caravane. Je savais qu'elle ne pouvait faire que de courtes étapes à travers les routes sablonneuses du Del Norte. Si je ne pouvais parvenir à rejoindre mes amis, je m'arrêterais à Albuquerque ou à El Paso, l'un ou l'autre de ces points devant m'offrir une résidence au moins aussi agréable que celle que je quittais.

Mon chirurgien fit tous ses efforts pour me dissuader de partir. Il me représenta que j'étais encore en très mauvais état, que ma blessure était loin d'être cicatrisée. Il me fit un tableau très éloquent des dangers de la fièvre, de la gangrène, de l'hémorrhagie. Voyant que j'étais résolu, il mit fin à ses remontrances, et me présenta sa note. Elle montait à la modeste somme de cent dollars ! C'était une véritable extorsion. Mais que pouvais-je faire ? Je criai, je tempêtai. Le Mexicain me menaça de la justice du gouverneur. Godé jura en français, en espagnol, en anglais et en indien ; tout cela fut inutile. Je vis qu'il fallait payer et je payai, quoique avec mauvaise grâce.

La sangsue disparut, et le maître d'hôtel lui succéda. Celui-ci, comme le premier, me supplia avec instances de ne pas partir. Il me donna quantité d'excellentes raisons pour me faire changer d'avis.

— Ne partez pas! sur votre vie, senor, ne partez pas!

— Et pourquoi, mon bon José? demandai-je.

— Oh! *senor, los Indios bravos! los Navajoes! carrambo!*

— Mais je ne vais pas du côté des Indiens. Je descends la rivière; je traverse les villes du Nouveau-Mexique.

— Ah! *senor,* les villes! vous n'avez pas

de *seguridad*. Non! non! nulle part on n'est à l'abri du navajo. Nous avons des *novedades*, des nouvelles toutes fraîches. *Polvidera ! Pobre Polvidera!* elle a été attaquée dimanche dernier. Dimanche, *senor*, pendant que tout le monde était à la messe. Et puis, *senor*, les brigands ont entouré l'église ; et... *oh! carrambo !* ils ont traîné dehors tous ces pauvres gens, hommes, femmes et enfants. Puis, *senor*, ils ont tué les hommes, et pour les femmes... *Dios de mi alma !*

— Eh bien ! et les femmes ?

— Oh! *senor*, toutes parties, emmenées aux montagnes par les sauvages. *Pobres mugeres !*

— C'est une lamentable histoire, en vérité! mais les Indiens, à ce que j'ai entendu dire, ne font de pareils coups qu'à de longs intervalles. J'ai la chance de ne pas les rencontrer maintenant. En tout cas, José, j'ai résolu d'en courir le risque.

— Mais, *senor*, continua José abaissant sa voix au dipason de la confidence, il y a d'autres voleurs, outre les Indiens; il y en a de blancs, *muchos, muchissimos!* Ah! je vous le dis, *mi amo*, des voleurs blancs; *blancos, blancos y muy feos* (et bien dangereux) *carrai!*

Et José serra les poings comme s'il se fût débattu contre un ennemi imaginaire.

Tous ses efforts pour éveiller mes craintes furent inutiles. Je répondis en montrant mes revolvers, mon rifle et la ceinture bien garnie de mon domestique Godé.

Quand le bonhomme mexicain vit que j'étais déterminé à le priver du seul hôte qu'il eût dans sa maison, il se retira d'un air maussade et revint un instant après avec sa note. Comme celle du médecin, elle était hors de toute proportion raisonnable, mais encore une fois je n'y pouvais rien, et je payai.

Le lendemain, au petit jour, j'étais en selle, suivi de Godé et d'une couple de mules pesamment chargées; je quittais la ville maudite et suivais la route du Rio-Abajo.

CHAPITRE IX

Le Del Norte.

Pendant plusieurs jours nous côtoyâmes le Del Norte en le descendant. Nous traversâmes beaucoup de villages, la plupart semblables à Santa-Fé. Nous eûmes à franchir des *zequias*, des canaux d'irrigation, et à suivre les bordures de champs nombreux, étalant le vert clair des plantations de maïs. Nous vîmes des vignes et de grandes fermes (*haciendas*). Celles-ci paraissaient de plus en plus riches à mesure que nous nous avancions au sud de la province, vers le Rio-Abajo.

Au loin, à l'est et à l'ouest, nous découvrions de noires montagnes dont le profil ondulé s'élevait vers le ciel. C'était la double rangée des montagnes Rocheuses. De longs contreforts se dirigeaient, de distance en distance, vers la rivière, et, en certains endroits, semblaient clore la vallée, ajoutant un charme de plus au magnifique paysage qui se déroulait devant nous à mesure que nous avancions.

— Nous vîmes des costumes très pittoresques dans les villages et sur la route ; les hommes portaient le sérapé à carreaux ou la couverture rayée des Navajoes; le sombrero conique à larges bords ; les *calzoneros* de velours, avec des rangées de brillantes aiguillettes attachées à la veste par l'élégante ceinture. Nous vîmes des *Mangas* et des *Tilmas*, et des hommes chaussés de sandales comme dans les pays orientaux. Chez les femmes, nous pûmes admirer le gracieux *rebozo*, la courte *nagua* et la chemisette brodée.

Nous vîmes encore tous les lourds et grossiers instruments de l'agriculture : la charrette grinçante avec ses roues pleines ; la charrue primitive avec sa fourche à trois branches, à peine écorchant le sol; les bœufs sous le joug activés par l'aiguillon, les houes recourbées entre les mains des serfs-péons. Tout cela, curieux et nouveau pour nous, indiquait un pays où les connaissances agricoles n'en étaient qu'aux premiers rudiments.

En route, nous rencontrâmes de nombreux *atajos* conduits par leurs *arrieros*. Les mules étaient petites, à poil ras, à jambes grêles, et rétives.

Les *arrieros* avaient pour montures des *mustangs* aux jarrets nerveux. Les selles à hauts pommeaux et à hautes dossières, les brides en corde de crin; les figures basanées et les barbes taillées en pointe des cavaliers; les énormes éperons sonnant à chaque pas; les exclamations : *Hola! mula! malraya! vaya!* nous remarquâmes toutes ces choses, qui étaient pour nous autant d'indices du caractère hispano-américain des populations que nous traversions.

Dans toute autre circonstance, j'eusse été vivement intéressé. Mais alors tout passait devant moi comme un panorama ou comme les scènes fugitives d'un rêve prolongé. C'est avec ce caractère que les impressions de ce voyage sont restées dans ma mémoire. Je commençais à être sous l'influence du délire de la fièvre.

Ce n'était qu'un commencement; néanmoins, cette disposition suffisait pour dénaturer l'image des objets qui m'environnaient et leur donner un aspect étrange et fatigant.

Ma blessure me faisait souffrir de nouveau ; l'ardeur du soleil, la poussière, la soif, et, par-dessus tout, le misérable gîte que je trouvais dans les *posadas* du Nouveau-Mexique m'occasionnaient des souffrances excessives.

Le cinquième jour, après notre départ de Santa-Fé, nous entrâmes dans le sale petit *pueblo* de Parida. J'avais l'intention d'y passer la nuit, mais j'y trouvai si peu de chances de m'établir un peu confortablement, que je me décidai à pousser jusqu'à Socorro. C'était le dernier point habité du Nouveau-Mexique, et nous approchions du terrible désert : la *Jornalda del muerte* (l'étape de la mort).

Godé ne connaissait pas le pays, et à Parida je m'étais pourvu d'un guide qui nous était indispensable. Cet homme avait offert ses services, et comme j'avais appris qu'il ne nous serait pas facile d'en trouver un autre à Socorro, j'avais été forcé de le garder. C'était un gaillard de mauvaise mine, velu comme un ours et qui m'avait fortement déplu à première vue; mais je vis en arrivant à Socorro que j'avais été bien informé. Impossible d'y trouver un guide à quelque prix que ce fût, tant était grande la terreur inspirée par la *Jornada* et ses hôtes fréquents, les Apachès.

Socorro était en pleine rumeur à propos de nouvelles incursions des Indiens. Ceux-ci avaient attaqué un convoi près du passage de Fra Cristobal, et massacré les arrieros jusqu'au dernier. Le village était consterné. Les habitants redoutaient une attaque, et me considérèrent comme atteint de folie quand je fis connaître mon intention de traverser le désert.

Je commençais à craindre qu'on ne détournât mon guide ; de son engagement mais il resta inébranlable, et assura plus que jamais qu'il nous accompagnerait jusqu'au bout.

Indépendamment de la chance de rencontrer les Apachès, j'étais en assez mauvaise position pour affronter la *Jornada*.

Ma blessure était devenue très douloureuse, et j'étais dévoré par la fièvre.

Mais la caravane avait traversé Socorro, trois jours seulement auparavant, et j'avais l'espoir de rejoindre mes anciens compagnons avant qu'ils eussent atteint El Pazo. Cela me détermina à fixer mon départ au lendemain matin, et à prendre toutes les dispositions nécessaires pour une course rapide.

Godé et moi nous nous éveillâmes avant le jour. Mon domestique sortit pour avertir le guide et seller les chevaux et les mules. Je restai dans la maison pour préparer le café avant de partir. J'avais pour témoin oisif de cette opération le maître de l'auberge, qui s'était levé et se promenait gravement dans la salle, enveloppé dans son sérapé.

Au beau milieu de ma besogne, je fus interrompu par la voix de Godé, qui appelait du dehors; — Mon maître! mon maître! le gredin s'est sauvé!

— Qu'est-ce que vous dites? Qui est-ce qui s'est sauvé?

— Oh! monsieur! le Mexicain avec la mule; il l'a volée et s'est sauvée avec. Venez, monsieur, venez.

Je suivis le Canadien à l'écurie, rempli d'inquiétude. Mon cheval!... Dieu merci, l était là. Une des mules manquait; c'était celle que le guide avait montée depuis Parida.

— Peut-être n'est-il pas encore parti, — hasardai-je ; — il peut se faire qu'il soit encore dans la ville.

Nous cherchâmes de tous côtés et envoyâmes dans toutes les directions, mais sans succès. Nos doutes furent enfin levés par quelques hommes arrivant pour le marché ; ils avaient rencontré notre homme beaucoup plus haut, le long de la rivière, menant la mule au triple galop...

Que pouvions-nous faire? Le poursui-

jusqu'à Parida? C'était une journée de perdue. Je pensai bien, d'ailleurs, qu'il n'aurait pas été si sot que de prendre cette direction ; et, l'eût-il fait, c'eût été peine perdue pour nous que de nous adresser à la justice. En conséquence, je pris le parti de laisser cela jusqu'à ce que le retour de la caravane me mît à même de retrouver le voleur et de poursuivre son châtiment devant les autorités.

Mes regrets de la perte de mon mulet furent quelque peu mélangés d'une sorte de reconnaissance envers le coquin qui l'avait volé, lorsque je caressai de la main le nez de mon bon cheval. Pourquoi n'avait-il pas pris Moro de préférence à la mule? C'est une question que je n'ai jamais pu résoudre jusqu'à présent. Je ne puis m'expliquer la préférence de cette canaille qu'en l'attribuant à quelques scrupules d'un vieux reste d'honnêteté, ou à la stupidité la plus complète.

Je cherchai à me procurer un autre guide; je m'adressai à tous les habitants de Socorro; mais ce fut en vain. Ils ne connaissaient pas une âme qui voulût consentir à entreprendre un tel voyage.

— *Los Apachès! Los Apachès!*

Je m'adressai aux péons, aux mendiants de la place :

— *Los Apachès!*

Partout où je me tournais, je ne recevais qu'une réponse : *Los Apachès,* et un petit mouvement du doigt indicateur, à la hauteur du nez, ce qui est la façon la plus expressive de dire non dans tout le Mexique.

— Il est clair, Godé, que nous ne trouverons pas de guide. Il faut affronter la Jornada sans ce secours. Qu'en dites-vous, voyageur ?

— Je suis prêt, mon maître ; allons !

Suivi de mon fidèle compagnon, avec la seule mule de bagage qui nous restât, je pris la route du désert. Nous dormîmes la nuit suivante au milieu des ruines de Valverde, et le lendemain, partis de très bonne heure, nous entrions dans la *Jornada del Muerte*.

CHAPITRE X

La Jornada del Muerte.

Au bout de deux heures, nous avions atteint le passage de Fra-Cristobal. Là, la route s'éloigne de la rivière et pénètre dans le désert sans eau. Nous entrons dans le gué peu profond et nous traverssons sur la rive orientale. Nous remplissons nos outres avec grand soin, et nous laissons nos bêtes boire à discrétion. Après une courte halte pour nous rafraîchir nous-même, nous reprenons notre marche.

Quelques milles sont à peine franchis que nous pouvons vérifier la justesse du nom donné à ce terrible désert. Le sol est jonché d'ossements d'animaux divers. Il y a aussi des ossements humains. Ce sphéroïde blanc, marbré de rainures grises et dentelées, c'est un crâne humain : il est placé près du squelette d'un cheval. Le cheval et l'homme sont tombés ensemble, et ensemble leurs cadavres sont devenus a proie des loups. Au milieu de leur course altérée, ils avaient été abattus par le désespoir, ignorant que l'eau n'était plus éloignée d'eux que d'un seul effort de plus !

Nous rencontrons le squelette d'une mule, avec son bât encore bouclé alentour, et une vieille couverture longtemps battue par les vents.

D'autres objets, évidemment apportés là par la main de l'homme, frappent nos yeux à mesure que nous avançons. Un bidon brisé, des tessons de bouteilles, un vieux chapeau, un morceau de couverture de selle, un éperon couvert de rouille, une courroie rompue et tant d'autres vestiges se trouvent sous nos pas et racontent de lamentables histoires.

Et nous n'étions encore que sur le bord du désert. Nous venions de nous rafraîchir. Qu'adviendrait-il de nous quand, ayant traversé, nous approcherions de la rive opposée? Étions-nous destinés à laisser des souvenirs du même genre?

De tristes pressentiments venaient nous assaillir, lorsque nos yeux mesuraient la vaste plaine aride qui s'étendait à l'infini devant nous. Nous ne craignions pas les Apachès. La nature elle-même était notre plus redoutable ennemi.

Nous marchions en suivant les traces

des wagons. La préoccupation nous rendait muets. Les montagnes de Cristobal s'abaissaient derrière nous, et nous avions presque *perdu la terre de vue*. Nous apercevions bien les sommets de la *Sierra-Blanca*, au loin, tout au loin à l'est; mais devant nous, au sud, l'œil n'était arrêté par aucun point saillant, par aucune limite.

La chaleur commençait à être excessive. J'avais prévu cela au moment du départ, sentant que la matinée avait été très froide, et voyant la rivière couverte de brouillards.

Dans tout le cours de mes voyages à travers toutes sortes de climats, j'ai remarqué que de telles matinées pronostiquent des heures brûlantes pour le milieu du jour.

Les rayons du soleil deviennent de plus en plus torrides à mesure qu'il s'élève. Un vent violent souffle, mais il n'apporte aucune fraîcheur. Au contraire ; il soulève des nuages de sable brûlant et nous les lance à la face.

Il est midi. Le soleil est au zénith. Nous marchons péniblement à travers le sable mouvant. Pendant plusieurs milles nous n'apercevons aucun signe de végétation. Les traces des wagons ne peuvent plus nous guider : le vent les a effacées.

Nous entrons dans une plaine couverte d'*artemisia* et de hideux buissons de plantes grasses.

Les branches tordues et entrelacées entravent notre marche. Pendant plusieurs heures, nous chevauchons à travers des fourrés de sauge amère, et nous atteignons enfin une autre région, une plaine sablonneuse et ondulée. De longs chaînons arides descendent des montagnes et semblent s'enfoncer dans les vagues du sable amoncelé de chaque coté. Nous ne sommes plus entravés par les feuilles argenté de l'artemisia. Nous ne voyons devant nous que l'espace sans limite, sans chemins tracés et sans arbres.

La réverbération de la lumière par la

surface unie du sol nous aveugle. Le vent souffle moins fort, et de noirs nuages flottants dans l'air s'éloignent lentement.

Tout à coup nous nous arrêtons frappés d'étonnement. Une scène étrange nous environne. D'énormes colonnes de sable soulevé par des tourbillons de vent s'élèvent verticalement jusqu'aux nuages. Ces colonnes se meuvent çà et là à travers la plaine. Elles sont jaunes et lumineuses. Le soleil brille à travers les cristaux voltigeants. Elles se meuvent lentement, mais s'approchent incessamment de nous.

Je les considère avec un sentiment de terreur. J'ai entendu raconter que des voyageurs, enlevés dans leur tourbillonnement rapide, ont été précipités de hauteurs effrayantes sur le sol.

La mule de bagages, effrayée du phénomène, brise son licol et s'échappe vers les hauteurs. Godé s'élance à sa poursuite. Je reste seul.

Neuf ou dix gigantesques colonnes se montrent à présent, rasant la plaine, et m'environnent de leur cercle. Il semble que ce soient des êtres surnaturels, créatures d'un monde de fantômes, animés par le démon.

Deux d'entre elles s'approchent l'une de l'autre. Un choc court et violent provoque leur mutuelle destruction; le sable retombe sur la terre, et un nuage de poussière flotte au dessus, se dissipant peu à peu.

Plusieurs se sont rapprochées de moi et me touchent presque. Mon chien hurle et aboie. Le cheval souffle avec effroi et frissonne entre mes jambes, en proie à une profonde terreur.

Interdit, incertain, je reste sur ma selle, attendant l'événement avec une anxiété inexprimable. Mes oreilles sont remplies d'un bourdonnement pareil au bruit d'une grande machine ; mes yeux frappés d'éblouissements au milieu desquels se mêlent toutes les couleurs ; mon cerveau est en ébullition. D'étranges apparitions voltigent devant moi. J'ai le délire de la fièvre.

Les courants chargés se rencontrent et se heurtent dans leur terrible tourbillonnement. Je me sens saisi par une force invincible et arraché de ma selle. Mes yeux, ma bouche, mes oreilles sont remplis de poussière. Le sable, les pierres et les branches d'arbres me fouettent la figure, je suis lancé avec violence contre le sol.

. . . .

Un moment, je reste immobile, à moitié enseveli et aveugle. Je sens que d'épais nuages de sable roulent au dessus de moi.

Je ne suis ni blessé, ni contusionné; j'essaie de regarder autour de moi, mais il m'est impossible de rien distinguer; je ne puis ouvrir mes yeux, qui me font horriblement souffrir. J'étends les bras, cherchant après mon cheval. Je l'appelle par son nom. Un petit cri plaintif me répond. Je me dirige du côté d'où vient ce cri, et je pose ma main sur l'animal. Il gît couché sur le flanc. Je saisis la bride et il se relève; mais je sens qu'il tremble comme la feuille.

Pendant près d'une demi-heure, je reste auprès de sa tête, débarrassant mes yeux du sable qui les remplit, et attendant que le simoun soit passé. Enfin, l'atmosphère s'éclaircit, et le ciel se dégage; mais le sable, encore agité le long des collines, me cache la surface de la plaine. Godé a disparu. Sans doute il est dans les environs ; je l'appelle à haute voix ; j'écoute ; pas de réponse. De nouveau j'appelle avec plus de force.... rien ; rien que le sifflement du vent.

Aucun indice de la direction qu'il a pu prendre ! Je remonte à cheval et parcours la plaine dans tous les sens...

Je décrivis un cercle d'un mille environ, en l'appelant à chaque instant. Partout le silence et aucune trace sur le sol. Je courus pendant une heure, galopant d'une colline à l'autre, mais sans apercevoir aucun vestige de mon camarade ou des mules.

J'étais désespéré. J'avais crié jusqu'à extinction. Je ne pouvais pas pousser plus loin mes recherches. Ma gorge était en feu; je voulus boire. Mon Dieu! ma gourde était brisée, et la mule de bagage avait emporté les outres. Les morceaux de la calebasse pendaient encore après la courroie, et les dernières gouttes de l'eau qu'elle avait contenue coulaient le long des flancs de mon cheval. Et j'étais à cinquante milles de l'eau!

Vous ne pouvez comprendre toute l'horreur de cette situation, vous qui vivez dans des contrées septentrionales, sur une terre remplie de lacs, de rivières et de sources limpides. Vous n'avez jamais ressenti la soif. Vous ne savez pas ce que c'est que d'être privé d'eau. Elle coule pour vous de toutes les hauteurs, et vous êtes blasé sur ses qualités. Elle est trop crue; elle est trop fade; elle n'est pas assez limpide.

Il n'en est pas ainsi pour l'habitant du désert, pour celui qui voyage à travers l'océan des prairies. L'eau est le principal objet de ses soins, de son éternelle inquiétude : l'eau est la divinité qu'il adore.

Il peut lutter contre la faim tant qu'il lui reste un lambeau de ses vêtements de cuir. Si le gibier manque, il peut attraper des marmottes; chasser le lézard et ramasser les grillons de la prairie. Il peut se procurer toutes sortes d'aliments. Donnez-lui de

l'eau, il pourra vivre et se tirer d'affaire;
avec du temps il atteindra la limite du désert.

Privé d'eau, il essaiera de mâcher une bille ou une pierre de calcédoine; il ouvrira les cactus sphéroïdaux et fouillera les entrailles du buffalo sanglant; mais il finira toujours par mourir. Sans eau, eût-il d'ailleurs des provisions en abondance, il faut qu'il meure. Ah! vous ne savez pas ce que c'est que la soif! C'est une terrible chose. Dans les sauvages déserts de l'ouest c'est la *soif qui tue*.

Il était tout naturel que je fusse en proie au désespoir. Je pensais avoir atteint environ le milieu de la *Jornada*. Je savais que, sans eau, il me serait impossible d'atteindre l'autre extrémité. L'angoisse m'avait déjà saisi; ma langue était desséchée et ma gorge se contractait. La fièvre et la poussière du désert augmentaient encore mes souffrances. Le besoin, l'atroce besoin de boire, m'accablait d'incessantes tortures.

Ma présence d'esprit m'avait abandonné et j'étais complétement désorienté. Les montagnes, qui jusqu'alors nous avaient servi de guide, semblaient maintenant se diriger dans tous les sens. J'étais embrouillé au milieu de toutes ces chaînes de collines.

Je me rappelais avoir entendu parler

d'une fontaine l'*Ojo del Muerto*, qui, disait-on, se trouvait à l'ouest de la route. Quelquefois il y avait de l'eau dans cette fontaine; d'autres fois il était arrivé que des voyageurs l'avaient trouvée complétement à sec, et avaient laissé leurs os sur ses bords. Voilà, du moins, ce qu'on racontait à Socorro.

Pendant quelques minutes, je restai indécis; puis, tirant presque machinalement la rêne droite, je dirigeai mon cheval vers l'ouest. Je voulais d'abord chercher la fontaine, et si je ne la trouvais pas, pousser vers la rivière. C'était revenir sur mes pas; mais il me fallait de l'eau sous peine de mort.

Je me laissai aller sur ma selle, faible

et vacillant, m'abandonnant à l'instinct de mon cheval. Je n'avais plus l'énergie nécessaire pour le conduire.

Il me porta plusieurs milles vers l'ouest, car j'avais le soleil en face. Tout à coup je fus réveillé de ma stupeur. Un spectacle enchanteur frappait mes yeux. Un lac! — Un lac, dont la surface brillait comme le cristal! Étais-je bien sûr de le voir? N'était-ce pas un mirage? Non. Ses contours étaient trop fortement arrêtés. Ils n'avaient pas cette apparence grêle et nuageuse qui caractérise le phénomène. Non; ce n'était pas un mirage. C'était bien de l'eau!

Involontairement mes éperons pressèrent les flancs de mon cheval; mais il n'avait pas besoin d'être excité. Il avait vu l'eau, et se précipitait vers elle avec une énergie toute nouvelle. Un moment après, il était dedans jusqu'au ventre.

Je m'élançai de ma selle et plongeai à mon tour, et j'étais sur le point de puiser l'eau avec le creux de mes mains, lorsque mon attention fut éveillée par l'attitude de mon cheval. Au lieu de boire avidement, il s'était arrêté, secouant la tête, et soufflant avec toutes les apparences du désappointement. Mon chien, lui aussi, refusait de boire et s'éloignait de la rive en se lamentant et en hurlant.

Je compris ce que cela signifiait; mais avec cette obstination qui repousse tous les témoignages et ne s'en rapporte qu'à l'expérience propre, je puisai quelques gouttes dans ma main et les portai à mes lèvres. L'eau était salée et brûlante! J'aurais pu prévoir cela avant d'arriver au lac, car j'avais traversé des champs de sel qui l'environnaient comme d'une ceinture de neige; mais, à ce moment, la fièvre me brûlait le cerveau et je n'avais plus ma raison.

Il était inutile de rester là plus longtemps. Je sautai sur ma selle. Je m'éloignai du bord et de sa blanche ceinture de sel. Çà et là le sabot de mon cheval sonnait contre les ossements blanchis d'animaux, tristes restes de nombreuses victimes. Ce lac méritait bien son nom de *Laguna del muerto* (lac de la mort).

Je me dirigeai vers son extrémité méridionale, et pointai de nouveau vers l'ouest, dans l'espoir de gagner la rivière.

A dater de ce moment jusqu'à une époque assez éloignée, où je me trouvai placé au milieu d'une scène toute différente, ma mémoire ne me rappelle que des choses confuses; quelques incidents, sans aucune liaison entre eux, mais se rapportant à des faits réels, sont restés dans mon souvenir. Ils sont mêlés dans mon esprit avec d'autres visions trop terribles et trop dépourvues de vraisemblance pour que je puisse les considérer autrement que comme des hallucinations de mon cerveau malade. Quelques-unes cependant étaient réelles. De temps en temps la raison avait dû me revenir, sous l'influence d'une espèce d'oscillation étrange de mon cerveau.

Je me rappelle être descendu de cheval sur une hauteur. J'avais dû parcourir auparavant une longue route sans m'en rendre compte, car le soleil était près de l'horizon quand je mis pied à terre. C'était un point très élevé, au bord d'un précipice, et devant moi je voyais une belle rivière, coulant doucement à travers des bosquets verts comme l'émeraude. Il me semblait que ces bosquets étaient remplis d'oiseaux qui chantaient délicieusement. L'air était rempli de parfums et le paysage qui se déroulait devant moi m'offrait tous les enchantements d'un Élysée. Autour de moi tout paraissait lugubre, stérile et brûlé d'une intolérable chaleur. La soif qui me torturait était surexcitée encore par l'aspect de l'eau. Tout cela était réel : tout cela était exact.

. . . .

Il faut que je boive! Il faut que j'atteigne la rivière! c'est de l'eau douce et fraîche... Oh! il faut que je boive!

Que vois-je? Le rocher est à pic. Non, je ne puis descendre ici ; je descendrai plus facilement là-bas. — Qui est là? — Qui êtes-vous, monsieur? — Ah! c'est toi, mon brave Moro ; c'est toi, Alp. Venez! venez!

suivez-moi! descendons! descendons à la rivière! — Ah! encore ce rocher maudit! — Regardez comme cette eau est belle! Elle nous sourit! On entend son joyeux clapotement! Allons boire! — Non, pas encore; nous ne pouvons pas encore descendre. Il faut aller plus loin.

Mon Dieu! il n'est pas possible de sauter d'une telle hauteur! mais il faut pourtant que nous apaisions notre soif! Viens, Godé! viens, Moro, mon vieil ami! Alp! viens! Allons! nous atteindrons la rivière; nous boirons. — Qui parle de Tantale? Ah! ah! ce n'est pas moi; ce n'est pas moi! — Arrière! démon! ne me poussez pas! — Arrière! arrière! vous dis-je. — Oh!...

. . . .

Des formes étranges, des démons innombrables, dansent autour de moi et me tirent vers le bord du rocher. Je perds pied ; je me sens lancé dans l'air, puis tomber, tomber, et tomber encore, et cependant l'eau reste toujours à la même distance de moi, et je la vois au dessous couler brillante au milieu des arbres verts...

. . . .

Je suis sur une roche, sur une masse de dimensions énormes ; mais elle n'est pas en repos ; elle se meut à travers l'espace, tandis que je reste immobile sur elle, étendu, râlant de désespoir et d'impuissance. C'est un aérolithe ! ce ne peut être qu'un aérolithe! Grand Dieu! quel choc quand il va rencontrer une planète! Horreur! horreur!

. . . .

Le soleil se soulève au dessous de moi et oscille dans toutes les directions comme secoué par un tremblement de terre!

. . . .
. . . .

La moitié de tout cela était réel; la moitié était un rêve, un rêve du genre de ceux dans lesquels vous jettent les premières atteintes d'un empoisonnement.

CHAPITRE XI

Zoé.

Je suis couché, et mes yeux suivent les contours des figures qui couvrent les rideaux. Ce sont des scènes de l'ancien temps, des chevaliers revêtus de cottes de maille, le heaume sur la tête, et à cheval, dirigent les uns contre les autres des lances penchées; quelques-uns tombent de leur selle, atteints par le fer mortel. Il y a d'autres scènes encore; de nobles dames, assises sur des palefrois flamands, suivent de l'œil le vol de l'émerillon. Elles sont entourées de leurs pages de service, qui tiennent en laisse des chiens de races curiuses et disparues. Peut-être n'ont-elles jamais existé que dans l'imagination de quelque artiste à la vieille mode : quoi qu'il en soit, je considère leurs formes étranges avec une sorte d'extase à moitié idiote.

Les beaux traits des noble dames me causent une vive impression. Sont-ils aussi le produit de l'imagination du peintre, ou ces divins contours représentent-ils le type du temps? Dans ce dernier cas, il n'est pas étonnant que tant de corselets fussent faussés et tant de lances brisées pour gagner un de leurs sourires.

Des baguettes de métal soutiennent les rideaux; elles sont brillantes et se recourbent de manière à former un ciel de lit. Mes yeux courent le long de ces baguettes, analysant leur configuration et admirant, comme un enfant le pourrait faire, la régularité de leur courbure. Je ne suis pas chez moi. Toutes ces choses me sont étrangères. Cependant, — pensé-je, — j'ai déjà vu quelque chose de semblable; mais où? — Oh! je sais; avec de larges rayures tissées de soie; c'était une

couverture de Navajo! — Où étais-je donc?
— dans le New-Mexico? — Oui. — Maintenant je me souviens! la *Jornada!* — Mais comment suis-je venu ici?

C'est un labyrinthe inextricable; il m'est impossible d'en trouver le fil.

Mes doigts! comme ils sont blancs et effilés! et mes ongles! longs et bleus comme les griffes d'un oiseau! Ma barbe est longue! je la sens à mon menton! Comment se fait-il que j'aie une barbe? Je n'en ai jamais porté; je veux la couper.....

Ces chevaliers! comme ils se battent! œuvre sanglante! Celui-là, le plus petit, veut désarçonner l'autre.. Oh! quel élan prend son cheval, et comme il est ferme en selle. Le cheval et le cavalier semblent ne faire qu'un seul être. Leurs âmes sont unies par un mystérieux lien. Le même sentiment les anime. En chargeant ainsi, ils ne peuvent manquer de vaincre.

Oh! les belles dames! Comme celle qui porte le faucon perché sur son poing est brillante! comme elle est fière! comme elle est charmante...

Fatigué, je m'endormis de nouveau.

. . . .

Mes yeux parcourent encore les

scènes peintes sur les rideaux ; les chevaliers et les dames, les chiens de chasse, les faucons et les chevaux. Mes idées se sont éclaircies, et j'entends de la musique. Je reste silencieux, et j'écoute.

Ce sont des voix de femmes ; c'est un chant doux et délicatement modulé. L'une joue d'un instrument à cordes. Je reconnais les sons de la harpe espagnole, mais la musique est française; c'est une chanson normande ; les paroles appartiennent à la langue de cette contrée romantique. Cela me cause une vive surprise, car la mémoire des derniers événements m'est revenue, et je sais bien que je suis loin de la France.

La lumière éclairait mon lit, et, en détournant la tête, je m'aperçus que les rideaux étaient ouverts.

J'étais couché dans une grande chambre, irrégulièrement, mais élégamment meublée. Des figures humaines étaient devant moi, les unes debout, les autres assises ; quelques-unes couchées sur le plancher ; d'autres occupaient des chaises ou des ottomanes ; toutes paraissaient absorbées dans quelque occupation. Il me semblait voir un assez grand nombre de personnes, six ou huit pour le moins. Mais c'était une illusion ; je m'aperçus bientôt que ma rétine, malade, doublait les objets, et que chaque chose m'apparaissait sous forme d'un couple dont une image était reproduction de l'autre. Je m'efforçai de raffermir mon regard; ma vue devint plus distincte et plus exacte.

Alors je vis qu'il n'y avait que trois personnes dans la chambre, un homme et deux femmes.

Je gardais le silence, ne sachant trop si cette scène ne constituait pas une nouvelle phase de mon rêve. Mes regards passaient d'une personne à l'autre sans s'arrêter sur aucune d'elles.

La plus rapprochée de moi était une femme d'un âge mûr, assise sur une ottomane très basse. La harpe dont j'avais entendu les sons était devant elle, et elle continuait à en jouer. Elle devait avoir été, à ce qu'il me parut, d'une rare beauté dans sa jeunesse; et elle était encore belle sous beaucoup de rapports. Elle avait conservé des traits pleins de noblesse, mais sa figure portait l'empreinte de souffrances morales plus qu'ordinaires. Les soucis plus que le temps avaient ridé le satin de ses joues.

C'était une Française; un ethnologiste pouvait l'affirmer à première vue. Les lignes caractéristiques de sa race privilégiée étaient facilement reconnaissables.

Je ne pus m'empêcher de penser qu'il avait été un temps où les sourires de cette figure avaient dû faire battre plus d'un cœur. Le sourire avait disparu maintenant, et avait fait place à l'expression d'une tristesse profonde et sympathique. Cette mélancolie se faisait sentir aussi dans sa voix, dans son chant, dans chacune des notes qui s'échappait des vibrations de l'instrument.

Mes regards se portèrent plus loin. Un homme qui avait passé l'âge moyen était assis devant une table, à peu près au milieu de la chambre. Sa figure était tournée de mon côté, et sa nationalité n'était pas plus difficile à reconnaître que celle de la dame. Les joues vermeilles, le front large, le menton préominent, la petite casquette verte à forme haute et conique, les lunettes bleues étaient autant de signes caractéristiques. C'était un Allemand. L'expression de sa physionomie n'était pas très intelligente ; mais il avait une de ces figures que l'on retrouve chez bien des hommes dont l'intelligence a brillé dans des recherches artistiques ou scientifiques de tout genre ; recherches profondes et merveilleuses, due à des talents ordinaires fécondés par un travail extraordinaire ; travail herculéen qui ne connaît pas de repos : Pelion sur Ossa. L'homme que j'avais devant les yeux me sembla devoir être un de ces travailleurs infatigables.

L'occupation à laquelle il se livrait était également caractéristique. Devant lui, sur la table, et autour de lui, sur le plancher, étaient étendus les objets de son étude: des plantes et des arbrisseaux de différentes espèces. Il était occupé à les classer, et les plaçait avec précaution entre les feuilles de son herbier. Il était clair que cet homme était un botaniste.

Un regard jeté à droite détourna bien vite mon attention du naturaliste et de son travail. J'avais sous les yeux la plus charmante créature qu'il m'eût jamais été donné de voir; mon cœur bondit dans ma poitrine et je me penchai avec effort en avant, frappé d'admiration. L'iris dans tout son éclat, les teintes rosées de l'aurore, les brillantes nuances de l'oiseau de Junon, sont de belles et douces choses. Réunissez-les; rassemblez toutes les beautés de la nature dans un harmonieux ensemble, et vous n'approcherez pas de la mystérieuse influence qu'exerce sur le cœur de celui qui la contemple l'aspect enchanteur d'une jolie femme.

Parmi toutes les choses créées, il n'y a rien d'aussi beau, rien d'aussi ravissant qu'une jolie femme !

Cependant ce n'était point une femme qui tenait ainsi mon regard captif, mais une enfant, — une jeune fille, une jeune vierge, — à peine au seuil de la puberté, et prête à fleurir aux premiers rayons de l'amour.

Il me sembla que j'avais déjà vu cette figure. Je l'avais vue en effet, un moment auparavant, lorsque je regardais la dame plus âgée. C'étaient les mêmes traits, et, si je puis ainsi parler, le même type transmis de la mère à la fille ; le même front élevé, le même angle facial, la même ligne du nez, droite comme un rayon de lumière, et la courbe des narines, délicatement dessinée en spirale, que l'on retrouve dans les médailles grecques. Leurs cheveux aussi étaient de la même couleur, d'un blond doré ; mais chez la mère l'or était mélangé de quelques fils d'argent. Les tresses de la jeune fille semblaient des rayons du soleil, tombant sur son cou et sur des épaules dont les blancs contours paraissaient avoir été taillés dans un bloc de Carrare.

On trouvera sans doute que j'emploie un

langage bien élevé, bien poétique. Il m'est impossible d'écrire ou de parler autrement sur ce sujet. Au reste, je m'arrête là, et je supprime des détails qui auraient peu d'intérêt pour le lecteur. En échange, accordez-moi la faveur de croire que la charmante créature, qui fit alors sur moi une impression désormais ineffaçable, était belle, était adorable.

— Ah! il serait bien krande la gomblaisance, si matame et matemoiselle ils foulaient chouer la *Marseillaise*, la krante *Marseillaise*. Qu'en tit *mein lieb fraulein?* (ma chère demoiselle).

— Zoé, Zoé! prends la mandoline. Oui, docteur, nous allons la jouer, pour vous faire plaisir. Vous aimez la musique ; et nous aussi. Allons, Zoé.

La jeune fille, qui jusque-là avait suivi avec attention le travail du naturaliste, se dirigea vers un coin de la chambre, et décrochant un instrument qui ressemblait à une guitare, elle retourna s'asseoir près de sa mère. La mandoline fut mise d'accord avec la harpe, et les cordes des deux instruments retentirent des notes vibrantes de la *Marseillaise*.

Il y avait quelque chose de particulièrement gracieux dans ce petit concert. L'accompagnement, autant que j'en pus juger, était parfaitement exécuté, et les voix, pleines de douceur, s'y harmonisaient admirablement. Mes yeux ne quittaient pas la jeune Zoé, dont la figure, animée par les fortes pensées de l'hymne, s'illuminait de rayons divins; elle semblait une jeune déesse de la liberté jetant le cri : « Aux armes! »

Le botaniste avait interrompu son travail et prêtait l'oreille avec délices. A chaque retour de l'énergique appel : *Aux armes, citoyens!* le brave homme battait des mains et frappait la mesure avec ses pieds sur le plancher. Le même enthousiasme qui, à cette époque, mettait toute l'Europe en rumeur éclatait dans tous ses traits.

— Où suis-je donc? Des figures françaises, de la musique française, des voix françaises, la causerie française! — Car le botaniste s'était servi de cette langue, en s'adressant aux dames, bien qu'avec un fort accent des bords du Rhin, qui m'avait confirmé dans ma première impression, relativement à sa nationalité. — Où suis-je donc?

Mon œil errait tout autour de la chambre cherchant une réponse à cette question. Je reconnaissais le style de l'ameublement; les chaises de campêche avec les pieds en croix, un *rebozo*, un *peutaté* de feuilles de palmier. Ah! Alp!

Mon chien était couché sur le tapis près de mon lit, et il dormait.

— Alp!... Alp!...

— Oh! maman! maman! écoutez! l'étranger appelle.

Le chien s'était dressé; et, posant ses pattes de devant sur le lit, frottait son nez contre moi avec de joyeux petits cris. Je sortis une main de mon lit et le caressai en lui adressant quelques mots de tendresse.

— Oh! maman! maman! il le reconnaît! Voyez donc!

La dame se leva vivement et s'approcha du lit. L'Allemand me prit le poignet, et repoussa le Saint-Bernard qui était sur le point de s'élancer sur moi.

— Mon Dieu! Il est mieux. Ses yeux, docteur! Quel changement?

— Ya, ya! peaugoup mieux; pien peaugoup mieux. Hush! arrière tog! En arrière mon pon gien!

— Qui?... quoi?... dites-moi?... où suis-je? qui êtes-vous?

— Ne craignez rien, nous sommes des amis. Vous avez été bien malade?

— Oui, oui; nous sommes des amis, — répéta la jeune fille... — Ne craignez rien, nous veillerons sur vous. Voici le bon docteur, voici maman, et moi je suis...

— Un ange du ciel, charmante Zoé !

L'enfant me regarda d'un air émerveillé, et rougit en disant :

— Ah ! maman, il sait mon nom !

C'était le premier compliment qu'elle eût jamais reçu, inspiré par l'amour.

— C'est pon, madame ; il est pien peaugoup mieux ; il pientôt sera tepout, maindenant. Ote-toi de là, mon pon Alp ! ton maître il fa pien ; pon gien : à pas ! à pas !

— Peut-être, docteur, ferions-nous bien de le laisser. Le bruit...

— Non, non! je vous en prie, restez avec moi. La musique! voulez-vous jouer encore?

— Oui, la musique elle est très ponne, très ponne pour le malatie.

— Oh! maman, jouons, alors.

La mère et la fille reprirent leurs instruments et recommencèrent à jouer.

J'écoutais les douces mélodies, couvant les musiciennes du regard. A la longue mes paupières s'apesantirent, et les réalités qui m'entouraient se perdirent dans les nuages du rêve...

. . . .

Mon rêve fut interrompu par la cessation brusque de la musique. Je crus entendre, à moitié endormi, que l'on ouvrait la porte.

Quand je regardai à la place occupée peu d'instants avant par les exécutants, je vis qu'ils étaient partis. La mandoline avait été posée sur l'ottomane; mais, *Elle* n'était plus là.

Je ne pouvais pas, de la place que j'occupais, voir la chambre tout entière ; mais j'entendis que quelqu'un était entré par la porte extérieure. Les paroles tendres, que l'on échange quand un voyageur chéri rentre chez lui, frappèrent mon oreille. Elles se mêlaient au bruit particulier des robes de soie froissées. Les mots : « Papa! — Ma bonne petite Zoé ! » ceux-ci, articulés par une voix d'homme, se firent entendre. Ensuite vinrent des explications échangées à voix basse et que je ne pouvais saisir.

Quelques minutes s'écoulèrent ; j'écoutai en silence. On marchait dans la salle d'entrée. Un cliquetis d'éperons accompagnait le bruit sourd des bottes sur le plancher. Les pas se firent entendre dans la chambre et s'approchèrent de mon lit.

Je me retournai ; je levai les yeux : le chasseur de chevelures était devant moi !

CHAPITRE XII

Seguin.

— Vous allez mieux ? vous serez bientôt rétabli ; je suis heureux de voir que vous vous êtes tiré de là.

Il dit cela sans me présenter la main.

— C'est à vous que je dois la vie, n'est-ce pas?

Cela peut paraître étrange, mais dès que j'aperçus cet homme, je demeurai convaincu que je lui devais la vie. Je crois même que cette idée m'avait traversé le cerveau auparavant, dans la courte période qui s'était écoulée depuis que j'avais repris connaissance. L'avais-je rencontré pendant mes courses désespérées à la recherche de l'eau, ou avais-je rêvé de lui dans mon délire?

— Oh! oui! — me répondit-il en souriant; — mais vous devez vous rappeler que j'étais redevable envers vous du risque que vous aviez couru de la perdre pour moi.

— Voulez-vous accepter ma main ? Voulez-vous me pardonner ?

Après tout, il y a une pointe d'égoïsme même dans la reconnaissance. Quel changement s'était opéré dans mes sentiments à l'égard de cet homme ! Je lui tendais la main, et quelques jours auparavant, dans l'orgueil de ma moralité, j'avais repoussé la sienne avec horreur.

Mais j'étais alors sous l'influence d'autres pensées.

L'homme que j'avais devant les yeux

était le mari de la dame que j'avais vue; c'était le père de Zoé. Son caractère, son affreux surnom, j'oubliais tout; et, un instant après, nos mains se serraient dans une étreinte amicale.

— Je n'ai rien à vous pardonner. J'honore le sentiment qui vous a poussé à agir comme vous l'avez fait. Une pareille déclaration peut vous sembler étrange. D'après ce que vous saviez de moi, vous avez bien agi; mais un jour viendra, monsieur, où vous me connaîtrez mieux, et où les actes qui vous font horreur non-seulement vous sembleront excusables, mais seront justifiés à vos yeux. Assez pour l'instant. Je suis venu près de vous pour vous prier de taire ici ce que vous savez sur mon compte.

Sa voix s'éteignit dans un soupir en me disant ces mots, tandis que sa main indiquait en même temps la porte de la chambre.

— Mais, — dis-je à Seguin, désirant détourner la conversation d'un sujet qui lui paraissait pénible, — comment suis-je venu dans cette maison ? C'est la vôtre, je suppose ? Comment y suis-je venu ? Où m'avez-vous trouvé ?

— Dans une terrible position, — me repondit-il avec un sourire. — Je puis à peine réclamer le mérite de vous avoir sauvé. C'est votre noble cheval que vous devez remercier de votre salut.

— Ah! mon cheval! mon brave Moro, je l'ai perdu!

— Votre cheval est ici, attaché à sa mangeoire pleine de maïs, à dix pas de vous. Je crois que vous le trouverez en meilleur état que la dernière fois que vous l'avez vu. Vos mules sont dehors. Vos bagages sont préservés, ils sont là. — Et sa main indiquait le pied du lit.

— Et?...

— Godé, voulez-vous dire? — interrompit-il; — ne vous inquiétez pas de lui. Il est sauf aussi; il est absent dans ce moment, mais il va bientôt revenir.

— Comment pourrai-je jamais reconnaître?... Oh! voilà de bonnes nouvelles. Mon brave Moro! mon bon chien Alp! Mais que s'est-il donc passé? Vous dites que je dois la vie à mon cheval? Il me l'a sauvée déjà une fois. Comment cela s'est-il fait?

— Tout simplement: nous vous avons trouvé à quelques milles d'ici, sur un rocher qui surplombe le del Norte. Vous étiez suspendu par votre *lasso*, qui, par un hasard heureux, s'était noué autour de votre corps. Le *lasso* était attaché par une de ses extrémités à l'anneau du mors, et le noble animal, arc-bouté sur les pieds de devant et les jarrets de derrière ployés, soutenait votre charge sur son col.

— Brave Moro quelle situation terrible !

— Terrible ! vous pouvez le dire ! Si vous étiez tombé, vous auriez franchi plus de mille pieds avant de vous briser sur les roches inférieures. C'était en vérité une épouvantable situation.

— J'aurai perdu l'équilibre en cherchant mon chemin vers l'eau.

— Dans votre délire, vous vous êtes élancé en avant. Vous auriez recommencé une seconde fois si nous ne vous en avions pas empêché. Quand nous vous eûmes halé sur le rocher, vous fîtes tous les efforts imaginables pour retourner en arrière ; vous voyiez l'eau dessous, mais vous ne voyiez pas le précipice. La soif est une terrible chose : c'est une veritable frénésie.

— Je me souviens confusément de tout cela. Je croyais que c'était un rêve.

— Ne vous tourmentez pas le cerveau. Le docteur me fait signe qu'il faut que je vous laisse. J'avais quelque chose à vous dire, je vous l'ai dit. — (Ici un nuage de tristesse obscurcit le visage de mon interlocuteur). — Autrement je ne serais pas entré vous voir. Je n'ai pas de temps à perdre; il faut que je sois loin d'ici cette nuit même. Dans quelques jours, je reviendrai. Pendant ce temps, remettez vos esprits et rétablissez votre corps. Le docteur aura soin que vous ne manquiez de rien. Ma femme et ma fille pourvoiront à votre nourriture.

— Merci! merci!

— Vous ferez bien de rester ici jusqu'à ce que vos amis reviennent de Chihuahua. Ils doivent passer près de cette maison, et je vous avertirai quand ils approcheront. Vous aimez l'étude ; il y a ici des livres en plusieurs langues; amusez-vous. On vous fera de la musique. Adieu, monsieur !

— Arrêtez, monsieur, un moment! Vous paraissiez avoir un caprice bien vif pour mon cheval.

— Ah! monsieur, ce n'était pas un caprice; mais je vous expliquerai cela une autre fois. Peut-être la cause qui me le rendait nécessaire n'existe-t-elle plus.

— Prenez-le si vous voulez; j'en trouverai un autre qui le remplacera pour moi.

— Non, monsieur. Pouvez-vous croire que je consentirais à vous priver d'un animal que vous aimez tant et que vous avez tant de raisons d'aimer? Non, non! gardez le brave Moro; je ne m'étonne pas de l'attachement que vous portez à ce noble animal.

— Vous dites que vous avez une longue course à faire cette nuit. Eh bien! prenez-le au moins pour cette circonstance.

— Cela, je l'accepte volontiers, car mon cheval est presque sur les dents. Je suis resté deux jours en selle. Eh bien ! adieu.

Seguin me serra la main et se dirigea vers la porte.

Ses bottes armées d'éperons résonnèrent sur le plancher ; un instant après, la porte se ferma derrière lui.

Je demeurai seul, écoutant tous les bruits qui me venaient du dehors.

Environ une demi-heure après qu'il

m'eût quitté, j'entendis le bruit des sabots d'un cheval, et je vis l'ombre d'un cavalier traverser le champ lumineux de la fenêtre.

Il était parti pour son voyage; sans doute pour l'accomplissement de quelqu'une de ces œuvres sanglantes qui se rattachaient à son terrible métier!

Pendant quelque temps je pensai à cet homme étrange, et je ressentis une grande fatigue d'esprit.

Puis mes réflexions furent interrompues par des voix douces ; devant moi se tenaient deux figures aimables, et j'oubliai le chasseur de chevelures.

FIN DU PREMIER VOLUME.

TABLE

Des chapitres du premier volume.

		Pages
Introduction.	Les solitudes de l'Ouest.	1
Chap. I.	Les marchands de la Prairie.	21
— II.	La fièvre de la Prairie.	39
— III.	Course à dos de buffalo.	55
— IV.	Une position terrible.	87
— V.	Santa-Fé.	115
— VI.	Le fandango.	159
— VII.	Seguin le chasseur de scalps.	179
— VIII.	Laissé en arrière.	199
— IX.	Le Del Norte.	217
— X.	La Jornada del Muerte.	233
— XI.	Zoé.	261
— XII.	Seguin.	287

Fin de la table du premier volume.

Fontainebleau, imp. de E. Jacquin.

EN VENTE CHEZ LES MÊMES ÉDITEURS

ADIEUX AU MONDE
MÉMOIRES
DE CÉLESTE MOGADOR
8 volumes.

Ces Mémoires sont la vie d'une femme que tout le monde connaît. La vie de cette femme, devenue grande dame, est racontée par elle-même, dans tous ses détails, sans mystères, sans voile, sans restrictions, à titre d'enseignement aux pauvres filles abandonnées de la fortune et de leurs parents.

Cet ouvrage est complètement inédit, et n'a paru dans aucun journal.

LA DAME AUX PERLES
Par Alex. DUMAS, fils. — 4 vol.

On se souvient de l'immense succès de la **Dame aux Camélias**; M. Alexandre Dumas, fils, a donné un pendant à son chef-d'œuvre en écrivant la **Dame aux Perles**. Ce n'est plus seulement un roman de jeunesse, c'est une étude du cœur humain dans ses replis les plus secrets.

HEURES DE PRISON
Par madame LAFARGE (née Marie Capelle). — 3 vol.

Le nom seul de madame Lafarge dit ce qu'est cet ouvrage. Quelle que soit l'opinion que l'on se soit faite sur elle, qu'on la croie innocente ou coupable, il est impossible de rester indifférent à ces récits entraînants où la magie du style s'unit à la force des pensées.

DU SOIR AU MATIN
Par A. DU CASSE. — 1 vol.

Initier les personnes qui n'ont jamais fait partie de l'armée à quelques habitudes de la vie militaire, rappeler à ceux qui ont été soldats quelques souvenirs de garnison, retracer pour ceux qui sont encore au service quelques scènes de leur vie intime, amuser un peu tout le monde, voilà quel est le but de ce livre.

LES
PETITS-FILS DE LOVELACE
Par Amédée ACHARD. — 3 vol.

Les qualités qui distinguent cette œuvre placent M. Amédée Achard au rang de nos romanciers de premier ordre. C'est un de ces drames effrayants de la vie du grand monde dont Balzac nous a, le premier, révélé les mystères.

www.ingramcontent.com/pod-product-compliance
Lightning Source LLC
Chambersburg PA
CBHW060410170426
43199CB00013B/2084